Mein Weihnachts-Vorlesebuch

© privat

Sonja Hartl wurde 1963 in München geboren. Sie studierte deutsche, italienische und französische Literatur in Bamberg und Padua. Heute arbeitet sie als freie Lektorin, Herausgeberin und Autorin und lebt in Bamberg. Im Buchhandel ist sie bekannt durch zahlreiche Anthologien für Kinder und Jugendliche.

Mein Weihnachts-Vorlesebuch

Herausgegeben von Sonja Hartl

Mit Illustrationen von
Daniela Kulot

Sonderausgabe
Veröffentlicht im Carlsen Verlag
Oktober 2014
Oktober 2007 (CTB 570)
Mit freundlicher Genehmigung des Thienemann Verlages
Copyright © 2002 by Thienemann Verlag
(Thienemann Verlag GmbH), Stuttgart/Wien
Erstmals erschienen unter dem Titel »Das Weihnachts-Vorlesebuch«
Umschlagbild: Cornelia Haas
Umschlaggestaltung: formlabor
Corporate Design Taschenbuch: bell étage
Druck und Bindung: GGP Media GmbH, Pößneck
ISBN 978-3-551-31365-2
Printed in Germany

CARLSEN-Newsletter: Tolle Lesetipps kostenlos per E-Mail!
Unsere Bücher gibt es überall im Buchhandel und auf carlsen.de.

Inhalt

Ulrike Kuckero
Das Wunderknäuel 9

Heidi Callewaert
Pollekes größter Wunsch 16

Hortense Ullrich
Der Glückskeks 21

Jo Pestum
Der Ritt ins Morgenland 37

Edith Schreiber-Wicke
Erkannt! 44

Sigrid Heuck
Ein Weihnachtsbrief 47

Bianka Minte-König
Komm mit, es weihnachtet sehr 53

Max Kruse
Das Urmel erfährt, was die Hauptsache von Weihnachten ist 59

Hanna Jansen
Ein ganzes Jahr Weihnachten 72

Lukasevangelium
Es begab sich aber zu der Zeit 93

Henning Pawel
Heiligabend im Himmel 96

Ulrike Kuckero
Weihnachten im Hühnerstall 134

Elisabeth Zöller
Teddy und die goldenen Kerzen 139

Achim Bröger
Lauter Wünsche an den Weihnachtsmann 145

Sigrid Heuck
Kleiner Engel auf Reisen 150

Christamaria Fiedler
Eddi, der Weihnachtswacholder 159

Edith Schreiber-Wicke
Weihnachtspost 165

Ingrid Uebe
Warten aufs Christkind 174

Edith Schreiber-Wicke
Aurelius 181

Ursula Kirchberg
Die Heiligen Drei Könige auf ihrem Weg nach Bethlehem 188

Ursula Wölfel
Wie alle Jahre 190

Edith Schreiber-Wicke
Die Lebkuchenkatze 200

Max Kruse
Eine Christnacht in München 204

Ursula Wölfel
Die Geschichte von den Weihnachtsgeschenken 217

Elisabeth Zöller
Der Innen-drin-Wunsch 219

Max Kruse
Weihnachtsmusik   224

Dieter Winkler
Der Weihnachtsstern   235

Edith Schreiber-Wicke
Besuch am Heiligen Abend   240

Achim Bröger
Heute Abend wirst du staunen   245

Edith Schreiber-Wicke
Anton und der Weihnachtsmann   250

Bianka Minte-König
Nasenrot   257

Hans Christian Andersen
Der Tannenbaum   263

Quellenverzeichnis   282

Ulrike Kuckero
Das Wunderknäuel

Es war einmal ein Kind, das bekam zu Weihnachten sehr viele Geschenke, denn es war das einzige Kind seiner Eltern. Und es bekam nicht nur von seinen Eltern viele Geschenke, nein, Omas und Opas schenkten, die Tanten und Onkel, selbst die Urgroßmutter schickte ein Paket.

Als das Kind am Heiligen Abend alles ausgepackt hatte, wusste es kaum, womit es zuerst spielen sollte, so viele Sachen lagen auf seinem Gabentisch.

Und als die Mutter noch ein Paket fand, das noch nicht ausgepackt war, hatte das Kind kaum noch Lust auf ein weiteres Geschenk.

Doch es hing eine Karte an dem Paket und auf dieser Karte stand: »*Ich hoffe, du hast viel Spaß an diesem Wunderknäuel. Als ich klein war, habe ich auch eines zu Weihnachten bekommen und es wurde damals mein schönstes Geschenk. Deine Großtante.*«

»Ein Wunderknäuel? Was ist denn das?«, fragte das Kind und zerriss ungeduldig das Geschenkpapier.

Heraus rollte ein rotes Wollknäuel, das irgendwie krumm und schief war. Überall hatte es Beulen und an manchen Stellen schaute etwas Spitzes oder Rundes heraus. Eine Häkelnadel war auch dabei und ein Zettel, auf dem stand: »*Häkle die Wolle und du wirst dich wundern.*«

»Ich kann aber gar nicht häkeln«, sagte das Kind enttäuscht, denn es war neugierig geworden auf die kleinen Sachen, die offenbar in dem Knäuel versteckt waren.

»Willst du es lernen?«, fragte die Mutter. »Ich zeige es dir.«

Und sie zeigte dem Kind, wie man mit der Häkelnadel die Wolle zu Maschen häkelt, eine an der anderen.

Das Kind lernte schnell und bald fand es, dass Häkeln ganz einfach sei. Es häkelte und häkelte, eine Masche an die nächste, und zwischendurch schielte es immer auf das Wunderknäuel, ob es nicht bald eines der kleinen Dinge freigab, die in ihm versteckt waren. Schon lag eine kleine rote Häkelkette vor seinen Füßen und kurz darauf reichte die Kette schon bis zur Tür.

Das Kind häkelte, ohne aufzuhören, häkelte sich auf den Flur hinaus und schon stand es draußen im Hausflur an der Treppe. Da endlich gab das Knäuel die erste Überraschung frei: Ein wunderschöner Ring mit einem roten Stein fiel klimpernd auf den Boden.

»Das ist bestimmt ein Wunderring!«, rief das Kind, steckte sich den Ring an den Finger und hüpfte im Hausflur herum.

Da ging die Tür der polnischen Nachbarsfamilie auf. Das Kind zeigte der Nachbarsfamilie, die auch gerade Bescherung gemacht hatte, sein Wunderknäuel und den Ring, den es soeben freigehäkelt hatte. »Das ist ja ein tolles Knäuel«, sagte die Nachbarsfamilie und lud das Kind ein, sich in ihre Wohnung hineinzuhäkeln, denn sie wollte so gerne zusehen, wie die zweite Überraschung herausfiel.

Das Kind häkelte und häkelte, die Maschenkette wurde länger und länger. Schließlich wanderte das Kind durch alle Zimmer der polnischen Nachbarsfamilie, bestaunte kurz den Weihnachtsbaum und die Geschenke und häkelte sich dann wieder zur Haustür hinaus auf den Hausflur.

Da fiel die zweite Überraschung heraus: ein wunderbar glänzender, goldener Taler.

»Das ist bestimmt ein Wundertaler«, meinte die Nachbarsfamilie und freute sich mit dem Kind.

Das Kind steckte den Wundertaler in die Tasche und häkelte sich die Treppe hinunter und die rote Luftmaschenkette schlängelte sich immer hinter dem Kind her.

Die Nachbarsfamilie jedoch konnte den Blick nicht abwenden von dem häkelnden Kind und dem Wunderknäuel, das noch mehr Schätze verbarg. Und so folgte auch sie dem Kind die Treppe hinunter. Gerade als die letzte Stufe der Treppe erreicht war, fiel wieder etwas aus dem Wunderknäuel: eine leuchtende Kugel, aus der wundersame Töne erklangen, als sie dem Kind vor die Füße rollte.

Da ging die Tür der Nachbarin unten auf, weil sie dachte, jemand hätte an ihrer Tür geklingelt. Sie erblickte das Kind mit seinem Wunderknäuel, der langen, langen Maschenkette und der wundersam klingenden Kugel und sagte: »Das ist bestimmt eine Wunderkugel.«

Das Kind nickte glücklich und steckte die Wunderkugel in die andere Tasche. Dann häkelte es weiter, und weil die Nachbarin froh war, dass sie ein bisschen Gesellschaft hatte am Heiligen Abend, lud sie das Kind zu sich ein. Das Kind häkelte sich durch die Wohnung der Nachbarin, bis es durch alle Zimmer durch war. Als es wieder auf dem Flur stand, ging die Tür gegenüber auf und der alte Nachbar schaute heraus. Er hatte Stimmen gehört und freute sich, dass er am Heiligen Abend jemanden treffen konnte im Hausflur.

Gerade war das Kind bei der letzten Überraschung im Wunderknäuel angekommen. Es häkelte zwei Maschen, dann fiel sie heraus: ein goldenes Herz mit wundersamen, winzig kleinen Buchstaben darauf.

»Das ist ein Wunderherz«, sagte der alte Nachbar und wunderte sich gar nicht.

»Zeig her«, sagte die Nachbarin, »da steht eine Wunderschrift drauf.« Sie zückte ihre dicke Brille und hielt sich das kleine goldene Wunderherz direkt unter die Augen. »Da steht: *Joyeux Noël*«, sagte sie und kniff die Augen zusammen. »Und hier noch etwas: *Buon Natale*, und hier winzig klein: *Wesolych Świąt*.«

»Das heißt *Fröhliche Weihnachten*!«, rief die polnische Nachbarsfamilie glücklich. »Und das haben wir auch! Fröhliche Weihnachten zusammen!«

»Fröhliche Weihnachten!«, riefen alle und nickten sich zu. Dann liefen sie gemeinsam an der roten Maschenkette entlang zurück und rollten sie zu einem dicken Maschenknäuel auf: Von der Wohnung des alten Nachbarn durch die Wohnung der Nachbarin, dann die Treppe hinauf in die Wohnung und durch alle Zimmer der polnischen Nachbarsfamilie, dann hinaus auf den Flur und hinein in die Wohnung, wo das Kind mit seinen Eltern wohnte. Dort gingen sie durch alle Zimmer der Maschenkette nach und landeten schließlich vor dem Weihnachtsbaum, wo das Kind mit dem Häkeln begonnen hatte.

»Das ist dieses Jahr wirklich ein fröhliches Weihnachten«, sagten alle und sahen sich überrascht an. Die Eltern des Kindes brachten Plätzchen und Tee und alle setzten sich gemütlich zu dem Kind, das seine Wunderknäuelgeschenke zeigte.

Dann hängte es das Wunderherz in den Weihnachtsbaum, schaute von einem Nachbarn zum anderen und sagte mit einem tiefen Seufzer: »Mein allerschönstes Geschenk ist das Wunderknäuel!«

Da nickten alle und fanden, dass es auch nächstes Jahr wieder ein Wunderknäuel geben müsste.

Heidi Callewaert
Pollekes größter Wunsch

In einem fernen Wald lebt ein kleiner Bär. Seine Eltern gaben ihm den Namen Paul. Weil er aber so knuddelig ist, nennen ihn alle Polleke.
Im Frühling streckt der kleine Bär zum ersten Mal seine Nase aus der Höhle. Ganz in der Nähe der Bärenhöhle plätschert ein kleiner Bach. Polleke liebt das Wasser. Er spielt oft am Bach, obwohl er noch nicht schwimmen kann.
»Paul, sei vorsichtig. Fall nicht in den Bach!«, sagt Mutter Bär besorgt.
Aber Polleke hat keine Angst. »Ich pass schon auf, Mama.«
Doch eines Tages rutscht Polleke beim Spielen plötzlich aus und purzelt kopfüber in den Bach! Plumps!
Der kleine Bär strampelt im Wasser und ruft um Hilfe.
Da taucht Fritz Biber neben ihm auf. »Halte dich gut an mir fest!«, sagt das Biberkind mutig. »Ich ziehe dich an Land!«

Seit diesem Tag sind Polleke, der kleine Bär, und Fritz Biber die besten Freunde. Den ganzen Sommer über spielen sie zusammen und abends dürfen sie länger aufbleiben, um die Geschichten der Vögel zu hören. Die Geschichte vom Weihnachtsmann gefällt Polleke am allerbesten!

Der kleine Bär seufzt verträumt: »Ich möchte so gerne den Weihnachtsmann sehen.«

Aber der Weihnachtsmann kommt nur im Winter. Und was machen Bären im Winter? Winterschlaf! Ausgerechnet zur Weihnachtszeit schlafen Bären.

»Ich werde den Weihnachtsmann sehen!«, sagt Polleke entschlossen.

»Und ich helfe dir dabei!«, verspricht Fritz Biber.

Lange denken der kleine Bär und der Biber darüber nach. Sie fragen Eule Eva um Rat, denn Eulen sind sehr schlau. Die drei Freunde haben schon bald eine Idee …

Im Herbst verschließen Vater und Mutter den Höhleneingang mit Zweigen, Ästen und Blättern, damit es den Winter über schön warm ist.

»Polleke, wo bleibst du?«, brummt Vater Bär ungeduldig. »Es ist Zeit für den Winterschlaf.«

Fritz Biber und Eule Eva verabschieden sich von Polleke. »Wir vergessen es nicht!«, flüstert Fritz. »Wir helfen dir!«

Beruhigt kuschelt sich Polleke in der Höhle zwischen Mutter Bär und Vater Bär. Gemeinsam mit seinen Freunden wird er bestimmt bald den Weihnachtsmann sehen.

Als ein dicker Schneeteppich den Waldboden bedeckt, fliegt Eule Eva aufgeregt zum Biberbau. »Uhu-uhu«, ruft sie, »uhu-uhu, Fritz, es ist so weit!«

Fritz Biber hat bereits auf das Zeichen von Eule Eva gewartet. Er macht sich auf den Weg zur Bärenhöhle.

Vorsichtig kriecht er durch die Blätter und Äste, die den Höhleneingang fest verschließen. Fritz kann fast nichts sehen. Er tastet die ganze Höhle ab. Erst berührt er Vater Bärs Ohr. Dann erwischt er Mutter Bärs Bauch. Jetzt wachen sie bestimmt auf, denkt er erschrocken. Doch Vater und Mutter Bär schlafen weiter. Endlich findet er den kleinen Bären.

»Wach auf, Polleke, der Weihnachtsmann kommt«, flüstert er ihm ins Ohr.

Der kleine Bär ist sofort hellwach. Auf Zehenspitzen schleicht er mit Fritz Biber aus der Höhle. Erwartungsvoll schaut Polleke zum Himmel hinauf. Im Norden leuchtet ein Stern heller als alle anderen. Von dort muss der Weihnachtsmann kommen. Pollekes Gesicht strahlt vor Freude.

»Auf zum höchsten Hügel des Waldes!«, ruft er glücklich. »Damit wir den Weihnachtsmann nicht verpassen.«

Es ist ein gefährlicher Weg zum höchsten Hügel des Waldes. Noch nie sind Polleke und Fritz Biber so weit in den Wald hineingegangen. Auf einmal hören sie einen Wolf heulen. Fritz bekommt so große Angst, dass er nicht mehr weitergehen kann.

»Fritz, wir sind nicht in Gefahr«, beruhigt Polleke seinen Freund, »der Wolf kann uns nicht riechen. Der Wind trägt unseren Duft in die andere Richtung.«

Der Wolf heult noch einmal. Dann ist es wieder still im Wald. Der kleine Biber ist erleichtert.

Es fängt an zu schneien. Ein kalter Wind bläst Polleke und Fritz dicke Schneeflocken ins Gesicht. Bei einer alten Buche entdeckt der kleine Bär Spuren im Schnee. Von einem Biber und einem Bären.

»Wir sind im Kreis gelaufen«, sagt Polleke.

»So erreichen wir den Hügel nie!«, jammert Fritz.

Geschickt klettert Polleke auf einen Baum.

»Was machst du da oben?«, fragt Fritz erstaunt.

»Ich kann den Hügel sehen! Wir müssen dem hellen Stern folgen. Komm, Fritz, es ist nicht mehr weit!«, ruft Polleke.

Voller Schrammen stehen Polleke, der kleine Bär, und sein Freund Fritz Biber endlich auf dem höchsten Hügel des Waldes. Erschöpft kuscheln sie sich dicht aneinander. So ist es viel wärmer. Leise singen sie: »Bald kommt der Weihnachtsmann, der im Schlitten fliegen kann. Er besucht uns heute Nacht, Süßes hat er mitgebracht.«

Polleke schließt die Augen und fühlt, dass er geschaukelt wird. Jetzt sitze ich im Schlitten vom Weihnachtsmann, denkt er.

Schnell macht Polleke die Augen auf. Liebevoll schaut Mutter Bär ihn an. »Wo ist der Weihnachtsmann?«, fragt er.

»Mein tapferer Abenteurer«, sagt Mutter Bär, »du bist eingeschlafen.«

»Ja«, brummt Vater Bär, »du wärst beinahe erfroren. Zum Glück hat uns Eule Eva geweckt.«

Der kleine Bär ist traurig. Er hätte so gerne den Weihnachtsmann gesehen.

»Polleke, schau mal.«

Mutter Bär zeigt auf ein Schälchen randvoll mit Waldbienenhonig.

»Ist das ein Geschenk vom Weihnachtsmann?«

Der kleine Bär ist sich ganz sicher. Polleke kuschelt sich zwischen Mutter und Vater Bär und schläft zufrieden wieder ein.

Hortense Ullrich
Der Glückskeks

»Hey, warum bestellen wir nicht *Familien-Gück*?!«
»*Familien*-was?«
»Gück.«
»Gück?«
»Ja«, nickte Michi eifrig und deutete auf die Speisekarte des China-Restaurants. »Hier steht's: *Familien-Gück – für vier Personen. Mit knuspriger Peking-Ente.*«
Melissa schaute kurz auf die Karte, die ihre kleine Schwester Michaela, genannt Michi, in der Hand hielt. Melissa stöhnte überheblich: »*Glück* soll das heißen, du Torfnase! Die haben sich verschrieben.«
»Ach«, machte Michi gespielt erstaunt, »sag nur! Gut, dass wir *dich* haben.« Sie hielt ihrer Schwester einen Zettel unter die Nase, der der Speisekarte beigelegt war.
Obwohl Melissa sauer auf Michi war, warf sie einen kurzen Blick auf den Zettel. »Froliche Wiehnachten«, las Melissa vor.
»Kannst du uns vielleicht auch sagen, was das wohl heißen soll, Melissa?«, fragte Michi scheinheilig.

Melissa zog ein Gesicht, an dem man deutlich ablesen konnte, was sie von ihrer kleinen Schwester hielt.

Carla warnte ihre beiden Töchter: »Fangt jetzt bloß nicht wieder zu streiten an! Und dann auch noch im Restaurant!« Dann wandte sie sich an ihren Mann: »Nun sag du doch auch mal was, Franz!«

»Wiehnachten steht vor der Tür«, alberte der jedoch nur, »da setz ich doch nicht unser Familien-Gück aufs Spiel.«

Der Kellner kam.

Strahlend bestellte Franz: »Einmal Familien-Gück, bitte!«

Clara verdrehte die Augen und wandte sich freundlich an den Kellner. »*Glück* meint er. Was ist denn da außer der Ente noch alles dabei?«

»Ja, alles«, nickte der Kellner freundlich.

Clara nickte mit ihm und versuchte weitere Informationen aus ihm herauszulocken. »Alles?«

»Ja«, nickte der Kellner und sagte freundlich: »Ganze Familie glücklich, weil *alles* dabei.«

»Was ist denn *alles*?«, fragte Clara schon weniger geduldig.

Der Kellner nickte: »Ja, alles.«

Clara machte einen neuen Versuch, sie wollte ihm helfen: »Also: Ente?«

»Ja, Ente«, nickte der Kellner freundlich.

»Schwein?«

»Ja, Schwein.«

Claras Stimme wurde spitzer, aber sie fuhr tapfer fort: »Rind?«

»Ja.«

»Shrimps?«

»Ja.«

Clara war genervt. »Schuhsohlen?«

»Ja. Äh … nein, glaube nicht, aber wenn Sie wollen …«

Clara winkte ab. »Schon gut«, brummte sie und gab auf.

»Und Huhn«, überraschte der Kellner sie jetzt.

Gespielt naiv fragte Michi: »Hund?«, und sah ihren Vater erwartungsvoll an.

Clara schaute säuerlich, Melissa grinste.

Franz schubste Michi tadelnd an und meinte zum Kellner: »Wir nehmen das Familien-Glück.«

Der Kellner nickte und ging.

Michi sah ihren Vater noch immer erwartungsvoll an.

»Fällt dir beim Stichwort *Hund* denn nichts ein?!«

Der Vater seufzte.

»Bitte!«, bettelte Michi.

»Jetzt?«, fragte er.

Michi nickte eifrig.

»Ähm …«, begann er und schaute seine Frau an.

Michi knuffte ihre Schwester auffordernd. »Los komm, wir gehen mal ein bisschen spazieren.«
»Was denn? Hier im Restaurant?«, fragte Melissa verwundert.
»Wir gucken uns die Fische im Aquarium an!«
»In meinem Alter guck ich mir keine Fische mehr an!«, teilte Melissa entschieden mit.
Michi ließ sich wieder auf ihren Stuhl plumpsen und warf ihrer Schwester einen bösen Blick zu. Aber dann gab sie nach: »Gut, dann holen wir eben ein paar Glückskekse!«
»Oh Mann«, stöhnte Melissa.
Michi sprang erneut auf und zwängte sich zwischen Tisch und Stuhl raus. Dabei zog sie jedoch gleich noch die Tischdecke mit. Der Jasmintee schwappte aus den Tassen und breitete sich langsam auf der Decke aus.
Carla tupfte wortlos mit ihrer Serviette die Überschwemmung auf.
Michi zupfte ihre große Schwester am Ärmel. »Los, komm schon!« Dann senkte sie die Stimme. »Es geht um den Ha – U – eN – De«, buchstabierte sie.
Da fiel bei Melissa der Groschen und schnell verließ sie mit Michi den Tisch.

Die Mutter schaute den beiden erstaunt hinterher. Dann musterte sie argwöhnisch ihren Mann. »Warum gehen die zwei?«

Franz atmete tief ein und druckste etwas herum. »Sie haben mich bekniet doch noch mal mit dir zu reden.«

»Ach darum geht's!«, rief Clara. Dann schüttelte sie energisch den Kopf. »Oh nein! Kommt überhaupt nicht in Frage!«

»Ach komm, sei doch nicht so voreingenommen. Du hättest auch Spaß an einem Hund.«

»Klar«, schnaubte Clara, »total viel Spaß: Ich kann ihn dann füttern, mit ihm Gassi gehen, ihn zum Tierarzt bringen, und bis er stubenrein ist, wische ich mit dem Putzlappen hinter ihm her. Nein danke! Ein Hund als Weihnachtsgeschenk! Ausgeschlossen! Außerdem ist unsere Wohnung zu klein für einen Hund.«

»Dann nehmen wir halt einen kleinen Hund.« So schnell gab Franz nicht auf.

Clara reagierte nicht.

»Die Kinder haben versprochen, dass sie sich um ihn kümmern!«, schmeichelte er.

»Ach was! Und das glaubst du ihnen?!« Clara schüttelte tadelnd den Kopf.

Melissa und Michi kamen zurück und legten zwei Glückskekse auf den Tisch.

Franz schaute seine Töchter bedeutungsvoll an. »Zu früh«, raunte er ihnen zu.

Schnell verschwanden die Mädchen wieder.

Clara nahm einen Keks, packte ihn aus, zerbrach ihn, zog den Zettel, der im Keks verborgen war, heraus und las vor: »*Ihr nächster Wunsch wird in Erfüllung gehen.*«

Clara verzog das Gesicht. »Na klar.«

»Die zwei würden sich bestimmt um den Hund kümmern. Da bin ich ganz sicher«, begann Franz wieder.

»Das glaubst du! Ich weiß genau, wie es ablaufen wird: Zunächst werden sie sich um den Hund streiten. Und dann werden beide gleichzeitig das Interesse an dem Tier verlieren. Danach sitzt der Hund allein und unbeachtet unterm Küchentisch und jault mich an. Und ich werde dann die Einzige sein, die sich um ihn kümmert. Der arme Kerl tut mir jetzt schon leid. Jeder Hund, der bei uns leben müsste, würde mir leidtun.«

»Na, nun übertreib doch nicht so. Ich wäre gerne Hund bei uns.«

Clara wurde langsam ungeduldig.

»Ja, genau!«, rief sie. »Ich wünschte, du könntest mal Hund bei uns sein, dann würdest du wissen, wovon ich spreche!«

Franz wollte gerade den Mund öffnen, um etwas zu sagen, da fiel ihm Clara schnell ins Wort: »Und bitte sag jetzt gar nichts mehr!«

Um ihrer Bitte Nachdruck zu verleihen, nahm sie die Speisekarte, hielt sie dicht vor ihr Gesicht und vertiefte sich darin.

Franz sagte nichts mehr.

Nach einer Weile fiel Clara selbst noch etwas ein. »Und außerdem: Was ist mit dem Hund, wenn wir in Urlaub fahren?«

Sie legte die Speisekarte zur Seite und blickte auf, um ihren Mann triumphierend anzusehen.

Doch da war niemand. Kein Franz.

»Franz?«, fragte Clara ins Leere. Sie schaute verwundert im Restaurant umher, beugte sich dann über den Tisch zu der Stelle, wo Franz eigentlich sitzen sollte – und schrie auf: Sie blickte geradewegs in die treuen braunen Augen eines Hundes. Wo eben noch ihr Ehemann gesessen hatte, saß nun ein Hund. Ein struppiger, kleiner Hund, der keiner Rasse eindeutig zuzuordnen war. Er saß auf dem Stuhl und reichte gerade mal mit der Schnauze über den Tisch.

Entsetzt rückte Clara ihren Stuhl vom Tisch ab.

Der Hund schnüffelte ein wenig auf dem Tisch herum und hielt bei dem zerbrochenen Glückskeks inne.
»Hey«, machte Clara empört, sprang auf und griff nach dem Keks.
Aber der Hund war schneller. Mit einer flinken Bewegung schnappte er sich den Keks und der Glückskeks war weg. Nur der Zettel lag noch da. »*Ihr nächster Wunsch wird in Erfüllung gehen*«, las Clara noch einmal – und dann wurde sie blass.

»Franz!«, stammelte Clara erschüttert und blickte schuldbewusst auf den Hund.
Dann schüttelte sie den Kopf: »So ein Unsinn! So was gibt's doch gar nicht!«
Erneut schaute sie sich suchend im Restaurant um. Weit und breit kein Franz zu sehen. Wie in Trance ließ sie sich auf ihren Stuhl zurückfallen.
Nach einer Weile lächelte sie den Hund zögernd an und fragte leise und zärtlich: »Franz?«
Der Hund sprang vom Stuhl, lief um den Tisch herum und hüpfte mit einem Satz auf ihren Schoß.
Entsetzt riss Clara die Augen auf. Kann das möglich sein?
Als der Hund anfing ihr das Gesicht zu lecken, war das für sie der endgültige Beweis: Sie hatte ihren Ehemann in einen Hund verwandelt. Schuld daran war dieser dumme Glückskeks-Spruch gewesen.
Sie herzte den Hund und flüsterte ihm tausend Entschuldigungen ins Ohr. Sie nahm seinen Kopf in beide Hände und schaute ihm tief in die Augen: »Oh Franz! Was soll ich bloß machen?«
Der Hund schaute eine kurze Weile zurück, dann schüttelte er sich und schnüffelte wieder über die Tischplatte.
Plötzlich hatte Clara eine Idee.
»Genau, das ist die Lösung: Neuer Keks – neuer

Wunsch! Ich verwandele dich zurück«, versprach Clara.

Der Hund bellte kurz, sie tätschelte ihn und meinte: »Braver Hund.«

Erschrocken korrigierte sie sich: »Entschuldige, Franz. So hab ich das nicht gemeint.«

Schnell öffnete sie den zweiten Keks: »Ihre Weisheit wird zur richtigen Entscheidung führen.«

Nein, das half nicht weiter. Oder doch? Sie brauchte mehr Glückskekse!

Sie setzte den Hund auf den Boden, stand auf und schaute sich um. Wo hatten die beiden Mädchen die Glückskekse wohl hergehabt? – Da, an der Theke, neben der Kasse stand ein riesiges Glas mit unzählig vielen Glückskeksen darin.

Sie nahm den Hund unter den Arm und steuerte mit ihm das große Glückskeks-Glas an.

Dort setzte sie den Hund ab. Ungeniert, aber mit zitternder Hand griff sie in das Glas und holte eine Handvoll Kekse heraus. Fiebernd begann sie die Kekse aufzubrechen und die darin enthaltenen Zettel zu lesen: »*Hüte dich vor dem Huhn im Schafspelz.*« – »*Der Frosch springt so lange, bis er müde wird.*« – »*Ein Hamster im Haus erspart die Maus.*« – »*Traue keinem Pinguin, der eine Schwimmweste trägt.*« – »*Wecke niemals einen schnarchenden Hund.*«

Clara stöhnte auf, sie wurde immer panischer.

Der Kellner schaute Clara mit wachsendem Erstaunen zu. Dann schlich er sich davon und kehrte eine Minute später mit dem Besitzer des Restaurants, einem kleinen Chinesen, zurück und deutete wortlos auf Clara. Der Chinese nickte und trat langsam und ruhig neben sie.

Sie jedoch bekam gar nicht mit, was um sie herum geschah. Immer hektischer öffnete sie Keks um Keks. Inzwischen war schon ein kleiner Berg mit zerbrochenen Keksen und aussortierten Sprüchen vor Clara angehäuft, der mit jeder Zehntelsekunde größer wurde.

Der kleine Chinese räusperte sich. Es schien, als hätte er kaum den Mut, diese merkwürdige Frau anzusprechen.

»Sie mögen unsele Kekse?«, fragte er schließlich freundlich.

Clara reagierte nicht und zerbrach die Kekse immer schneller. Mit jedem Spruch, den sie las, wurde sie ärgerlicher.

»Kekse blingen Glück!«, versuchte der Besitzer des China-Restaurants das Gespräch in Gang zu bringen.

»Ach! Von wegen!«, fauchte Clara ihn ärgerlich an.

Der Chinese zuckte zusammen und schwieg betroffen.

Clara wühlte weiter in den Keksen.

Plötzlich erschien Melissa hinter ihrer Mutter. »Also ich hab keine Lust mehr, mich irgendwo rumzudrücken. Wir sind dreimal die Straße auf und ab gelaufen, ich hab jetzt Hunger.«
Clara drehte sich erschrocken zu ihrer Tochter um.
Nun kam auch Michi. Sie entdeckte sofort den Hund. »Ist der süß! Und wie struppig der aussieht.«
Melissa war kritischer: »Ganz niedlich. Macht aber einen etwas treudoofen Eindruck.«
»Also wie redet ihr denn über euren Va…« Clara konnte sich gerade noch bremsen.
»Wem gehört denn der Hund?«, erkundigte sich Melissa.
Clara starrte ihre Tochter ratlos an. »Äh … ehm … also … der Hund ist …«
Nun bemerkte der Restaurantbesitzer den Hund.
»Entschuldigung«, rief er eilfertig. »Bösel Hund, ich blinge laus!«
»Nein!«, rief Clara panisch. Sie hatte Angst, ihren Franz zu verlieren. Und ohne weiter nachzudenken, sagte sie: »Das ist mein Mann, äh … Hund. Mein Hund. Unser Hund«, korrigierte sie sich noch einmal.
Der Chinese fuhr verblüfft zurück.
»Mami!«, jubelte Michi begeistert und fiel ihrer Mutter um den Hals. »Ich wusste es! Tausend Dank. Ich werd mich auch ganz bestimmt um ihn kümmern.«

Michi ließ sich auf die Knie nieder und drückte den Hund an sich.

Entsetzt rief Clara: »Tu ihm nicht weh!«, und machte ein unglückliches Gesicht.

»Wow! Ist ja irre. Ich hätte nie gedacht, dass Paps es schafft, dich zu überreden!«, wandte sich Melissa an Clara, die immer unglücklicher dreinschaute. Nun beugte sich auch Melissa zu dem Hund herunter und kraulte ihm den Kopf.

»Wo habt ihr denn auf einmal diesen Hund her?«, stutzte Melissa plötzlich.

»Und wo ist Paps?«, fragte Michi.

Clara schaute ihre Töchter ratlos an. Das war die Frage, vor der sie sich gefürchtet hatte.

»Ihr müsst jetzt sehr tapfer sein«, begann sie und musste heftig schlucken. »Ich hab es wirklich nicht mit Absicht getan. Es war ein Unfall.« Sie konnte nicht weitersprechen, ihre Stimme versagte.

»Alles in Ordnung, Mam?«, erkundigte sich Melissa besorgt und stand auf.

»Du siehst ziemlich blass aus«, stellte nun auch Michi fest und ließ ebenfalls den Hund Hund sein.

Clara schluckte, holte tief Luft.

»Euer Vater ist … leider …«, wand sich Clara und brach ab.

Sie versuchte einen anderen Ansatz. »Ihr wolltet doch

schon immer einen Hund …«, begann sie. Aber auch das führte nicht weiter.

Ihr flehentlicher Blick fiel auf den kleinen Chinesen.

Er wollte helfen und bot erneut an: »Ich blinge Hund laus?«, und beugte sich zu dem Hund.

»Nein!«, schrie Clara entsetzt und warf sich schützend über den Hund.

Während sie auf dem Boden kniete, beide Arme um den Hals des Hundes geschlungen, fiel ihr Blick auf ein Paar Schuhe und Hosenbeine, die ihr bekannt vorkamen. Als sie langsam hochschaute, erkannte sie ihren Mann.

Ungläubig riss sie die Augen auf und dann strahlte sie vor Glück. »Franz!«, jubelte sie und fiel ihrem Ehemann dankbar um den Hals. »Oh mein Gott, ich bin so froh, dass ich dich wiederhabe.«

Franz war sichtlich verwirrt. »Aber ich war doch nur auf der Toilette«, stammelte er und tätschelte seiner Frau verlegen den Rücken. Hilfe suchend sah er seine Kinder an: »Was ist denn los?«

Die Kinder zuckten die Schultern.

Clara konnte sich kaum beruhigen, immer wieder küsste sie ihren Mann. »Es tut mir alles so leid«, beteuerte sie.

Dann schaute sie auf den Hund, schaute ihren Mann an, schaute wieder auf den Hund – und mit einem Mal wurde ihr klar, dass hier offensichtlich ein Missverständnis vorgelegen hatte.

Sie war empört: »Wo warst du?«, zischte sie ihren Mann an und trat einen Schritt zurück.

Schuldbewusst sagte Franz: »Auf der Toilette.«

»Na klasse! Dann sag gefälligst vorher Bescheid! Und ich hatte gedacht, du …« Schnell hielt sie inne, denn es war wohl besser, nicht zu erzählen, was sie gedacht hatte.

»Du hattest gesagt, ich solle nichts mehr sagen!«, verteidigte sich Franz.

»Ja! Aber damit meinte ich natürlich: nichts mehr über den Hund!«, rief Clara verärgert und hielt den Hund demonstrativ in die Höhe.

Der kleine Chinese war nun überzeugt davon, dass der Hund Stein des Anstoßes war. Er wollte den Streit beilegen, deshalb streckte er die Arme nach dem Tier aus und erklärte: »Hund ist uns zugelaufen, ist hellenlos. Ich blinge molgen in Tielheim.«

»Niemals!«, rief Clara empört, drehte sich schnell von dem Chinesen weg und drückte den Hund fest an sich.

Dann fiel ihr wieder ein, dass der Hund ja nun doch nicht ihr Mann war. Also gab es gar keinen Grund mehr, ihn zu retten. Sie hielt dem kleinen Chinesen den Hund entgegen.

Doch der verbeugte sich nun eingeschüchtert und bot ihr unterwürfig an: »Sie können Hund haben. Geschenk von mil fül tleue Kunden.«
Nun fast schon verzweifelt forderte Franz: »Clara, würdest du mir bitte erklären, was hier los ist?«
»Nichts«, zuckte Clara die Schultern. »Ich hab uns nur einen Hund besorgt.«
Franz brachte nun keinen Ton mehr heraus.
Michi hängte sich an Claras Arm und knuffelte den Hund. »Wie soll er denn heißen?«
»Franz«, knurrte Clara leise, was ihr einen irritierten Blick ihrer Tochter einbrachte.
»Können wir jetzt endlich was essen?«, erkundigte sich Melissa ungeduldig.
Das war das Stichwort für den Restaurantbesitzer. Er führte die Familie wieder zurück zu ihrem Tisch und versicherte: »Ja, ja, Essen ist feltig: Familien-Gück.«
Und mit Blick auf den Berg zerbrochener Glückskekse, die auf der Theke lagen, fügte er großzügig hinzu: »Und ich blinge gleich neue Glückskekse fül Sie.«

Jo Pestum

Der Ritt ins Morgenland

Damals, als ich ein Kind war, das ist lange her, da war Krieg. Und als Onkel Georg am Heiligen Abend zu Besuch kam, erschrak ich so sehr, dass ich mich hinter dem Sofa versteckte. Onkel Georg hatte nämlich eine Uniform an und schwere Stiefel.
Eigentlich bewunderte ich die Soldaten und ihre Waffen und ihre Uniformen. Ja, ich wünschte mir nichts brennender, als später auch einmal ein herrlich gefährlicher Soldat zu werden. Aber dass Onkel Georg da auf einmal in einer grauen Uniform am Tisch saß, das machte ihn so fremd. Und er war doch auch noch so jung. Es dauerte mindestens eine Stunde, bis ich aus meinem Versteck kroch und das gelbe Rennauto in die Hand nahm, das Onkel Georg mir als Weihnachtsgeschenk mitgebracht hatte. Ich freute mich sehr, denn nun hatte ich zwei Rennautos und konnte aufregende Autorennen veranstalten: der neue gelbe Renner gegen meinen roten.
Allmählich ließ meine Scheu nach. Behutsam strich ich

mit dem Finger über den rauen Stoff der Uniformjacke. Den breiten Ledergürtel mit dem eisernen Koppelschloss hatte Onkel Georg über die Stuhllehne gehängt.
»Deine Stiefel!«, flüsterte ich. »Mann, hast du tolle Stiefel an!«
Onkel Georg nickte. »Die brauche ich auch, wenn ich übermorgen an die Front gehe. Aber nächstes Jahr zu Weihnachten, da schenke ich dir meine tollen Stiefel. Das gilt als abgemacht. Nächstes Jahr ist der Krieg vorbei und ich komme als Sieger nach Hause. Dann bekommst du meine Stiefel.«
Das Blut schoss mir ins Gesicht. Dass Onkel Georg mir seine Soldatenstiefel schenken würde, konnte ich kaum glauben. Verwirrt fragte ich ihn: »So richtig großes Ehrenwort?«
»So richtig großes Ehrenwort, Johannes«, sagte Onkel Georg und hob die Hand zum Schwur.
»Lass mich die Stiefel mal anprobieren!«, bat ich.
Onkel Georg lachte und zog sich stöhnend die schweren Stiefel von den Füßen. Die Stiefelsohlen waren mit blitzenden Nagelköpfen bespickt. Ich wusste: Damit kann man so schön knallen und klappern beim Marschieren. Onkel Georg lief nun auf Socken umher und half meiner Mutter, den Tisch zu decken. Er war ihr jüngster Bruder. Mein Vater entzündete die Kerzen am Tannenbaum.

Aber ich! Ich stieg in die tollen Stiefel. Es war ein wunderbares Gefühl und ich kam mir unendlich stark vor. Bis zum Bauch gingen mir die Stiefel. Und ihr Geruch! Was waren schon der Kerzenschmauch und der Duft der Printen und Zimtsterne gegen diesen Geruch von Lederfett und Schweiß! Ich wusste, dass es ganz normale Soldatenstiefel waren, doch für mich wurden sie zu Reiterstiefeln von der ganz besonderen Sorte. Während ich durch die Zimmer unserer Wohnung schlurfte, träumte ich den Tagtraum vom Ritt ins Morgenland.

Ich bin der Reiter in den glänzenden Reiterstiefeln. Solche Stiefel besitzt kein anderer Reiter. Mein Pferd ist weiß wie Schnee. Ich reite in die Wüste hinein. Sand staubt hoch unter den Hufen meines galoppierenden Schimmels. Wir werden nicht müde, mein Pferd und ich. Und dann sehe ich am Horizont die dunklen Zelte. Ich ziehe an den Zügeln. Mein Pferd geht jetzt im Schritt.

»Halt! Wohin willst du, fremder Reiter?«, ruft der Wachtposten und hebt sein Krummschwert. Er trägt ein langes Beduinengewand und hat sein Gesicht mit einem dunkelblauen Tuch verhüllt. Nur die blitzenden Augen sind zu sehen.

»Ich will zu den Heiligen Drei Königen!«, rufe ich zurück. »Weil ich nämlich eine wichtige Botschaft für sie habe.«

Da tritt ein Mann mit schwarzer Hautfarbe aus dem größten der Zelte. Er ist prachtvoll gekleidet. Ich weiß sofort, dass es sich um Kaspar handelt. Ihm folgen Melchior mit dem silbrigen Bart und Balthasar mit dem perlendurchwirkten Turban.

»Lass den stolzen Reiter mit den tollen Stiefeln durch!«, befiehlt Kaspar dem Wachtposten. Und mich fragt er: »Was willst du von uns? Was für eine Botschaft hast du?«

Ich recke mich hoch auf im Sattel. »Ich will euch nach Bethlehem führen. So lautet meine Botschaft.«

Erstaunt fragt Melchior: »Woher weißt du, dass wir auf dem Weg nach Bethlehem sind? Unsere Reise ist doch geheim.«

»Einer wie ich weiß fast alles«, antworte ich bescheiden.

Balthasar hebt die Hände. »Aber wir folgen doch dem Stern. Da brauchen wir deine Hilfe nicht. Der Stern zeigt uns den Weg nach Bethlehem.«

Auf diesen Einwand habe ich nur gewartet. Ich lache laut. »Schön und gut, die Sache mit dem Stern. Aber der Stern leuchtet doch nur in der Nacht und nachts kommt ihr bloß mühsam vorwärts mit eurem Gefolge. Weil ich jedoch den Weg genau kenne, werde ich euch führen. Bei Tageslicht reist es sich leichter. Also, vergesst den Stern!«

Da stecken die Drei Könige die Köpfe zusammen und flüstern aufgeregt miteinander. Dann rufen sie im Chor: »Wir folgen dir, denn wir sind in Eile!«

Schnell wird das Lager abgebaut. Die Gefolgsleute der Drei Könige bepacken die Lastesel und besteigen ihre Pferde. Es sind edle Tiere, doch mein weißes Pferd übertrifft sie alle. Die Drei Könige reiten auf Kamelen.

Ich führe die Karawane an. Der Weg aus dem Morgenland nach Bethlehem ist weit. Es geht über hohe Berge und durch tiefe Schluchten, vorbei an gefährlichen Mooren und über dürres Steppenland. Aber ich kenne mich aus, selbst in den finstersten Wäldern.

In den Nächten rasten wir nur kurz, denn wir sind in Eile. Die Drei Könige vertrauen mir zwar, aber es beruhigt sie doch, wenn sie nachts den Stern sehen.

Am späten Abend des siebten Reisetages erreichen wir die Stadt Bethlehem. Den Stall finde ich leicht, denn haargenau über mir bleibt der Stern stehen. Ich bin ein bisschen aufgeregt, als ich behutsam die Stalltür öffne.

»Wer bist denn du?«, fragt Maria erstaunt.

»Ich bin der Johannes«, sage ich, »und ich habe die Heiligen Drei Könige zu euch geführt.«

»Oh, sind sie schon gekommen?« Maria freut sich. »Wir hatten eigentlich erst später mit ihnen gerechnet. Was für feine Stiefel du hast, Johannes!«

Josef hat gerade den Ochsen und den Esel mit Heu gefüttert. Er fährt sich mit den Fingern durch den Bart. »Sag mal, habt ihr eigentlich auch Gold, Weihrauch und Myrrhe mitgebracht?«
»Klar«, sage ich, »jede Menge!«
Da lächelt Josef zufrieden. »Das ist gut. Wir brauchen die Sachen nämlich dringend.«
Maria hebt den Säugling aus der Krippe und hält ihn hoch. »Sieh mal, Johannes, das ist das Kind. Gefällt es dir?«
Und ob es mir gefällt! Es hat goldene Locken und schaut mich freundlich an. »Es ist das schönste Kind, das ich je gesehen habe«, flüstere ich beeindruckt.
»Wir wollen das Kind Jesus nennen«, sagt Maria. »Wie findest du den Namen?«
»Sehr gut. Er passt zu ihm.« Und ganz leise, damit nur ich es hören kann, füge ich hinzu: »Eigentlich hatte ich es auch nicht anders erwartet.«
Jetzt betreten die Drei Könige den Stall und überreichen ihre Geschenke. Dann fallen sie auf die Knie und fangen an das Kind anzubeten. Engel kommen in Scharen geflattert und singen süße Lieder. Ich stehe ganz still da in meinen Reiterstiefeln und fühle, dass ich verzaubert bin.

Irgendwann bin ich auf dem Sofa eingeschlafen. Ich merkte es nicht, dass meine Eltern mich zu Bett brachten. Als ich am Weihnachtsmorgen aufwachte, war Onkel Georg schon fort. Wo die Stiefel neben dem Sofa zuletzt gestanden hatten, fand ich eine Nachricht von Onkel Georg. Meine Mutter las mir vor, was auf dem Zettel stand: *Versprochen ist versprochen!*

Aber Onkel Georg hat sein Versprechen nicht gehalten. Der Krieg war nach einem Jahr nicht zu Ende und Onkel Georg kam nicht als Sieger nach Hause. Er ist überhaupt nicht mehr nach Hause gekommen. Wo er das Leben verloren hat, haben wir nie erfahren. Ich verstand das alles erst, als ich größer war. Da hasste ich die Männer, die die Schuld hatten an dem schrecklichen Krieg. Ich wollte nicht mehr Soldat werden und ich wollte niemals mehr Stiefel haben.

Jedes Jahr zu Weihnachten muss ich an Onkel Georg denken und an meinen Ritt ins Morgenland. Dann bin ich traurig und fühle mich für einen Augenblick wieder wie ein Kind, obwohl das alles doch schon so lange her ist.

Edith Schreiber-Wicke
Erkannt!

»Menschen werden mir immer ein Rätsel bleiben«, sagte Max, der graue Tabby-Kater, irritiert.
»Irgendwas Besonderes?«, fragte Moritz, der Getigerte.
»Das kann man wohl sagen«, nickte Max. »Eben ist der Mensch gekommen, den die kurzen Menschen immer Onkel Hugo nennen.«
»Das ist doch nichts Besonderes«, meinte Moritz. »Der kommt öfter.«
»Ja – aber heute hat er einen langen roten Mantel an, dazu eine äußerst seltsame Kopfbedeckung. Vom Kinn baumelt ihm ein langes weißes Fell. Und er trägt einen Sack über der Schulter«, berichtete Max.
Moritz sprang vom Sofa. »Das muss ich selber sehen.«
Max folgte ihm.
»Wart ihr denn auch brav?«, fragte der verkleidete Onkel Hugo soeben die kurzen Menschen. Die starrten ihn mit großen Augen an.

»Sie merken nichts«, sagte Max.
»Menschen!«, sagte Moritz. »Ihr Geruchssinn ist doch so gut wie nicht vorhanden. Außerdem sind sie noch sehr kurz. Ich denke, wir müssen hier unbedingt eingreifen. Den Irrtum aufklären.«
»Und wie?«, sagte Max.
»Du die Mütze, ich den Bart?«, schlug Moritz vor.
»Geht klar«, stimmte Max zu. Lautlos sprangen die beiden vom Fensterbrett auf den Wohnzimmerschrank. Er war die beste Basis für alle Unternehmungen.

Was dann folgte, war ganz und gar nicht mehr lautlos. Onkel Hugo fluchte und versuchte seinen Bart festzuhalten. Max hatte im Sprung die Mütze erbeutet. Die beiden kurzen Menschen riefen im Duett und sehr erstaunt: »Onkel Hugo!«

»Sie sind schlicht unfähig«, sagte Moritz ein wenig später zu Max. »Ich weiß nicht, wie Menschen ohne Katzen mit ihrem Leben zurechtkommen.«

Max nickte nur zustimmend. Er konnte nicht antworten, weil er noch an dem Hühnerbein knabberte, das er während der allgemeinen Verwirrung von einem Teller geklaut hatte.

Sigrid Heuck
Ein Weihnachtsbrief

Sangha, Republik Mali, den 5. Dez. 1995

Lieber Timmy!

Es tut mir so leid, dass ich in diesem Jahr Weihnachten nicht mit Dir und der Mami verbringen kann, aber Du weißt ja, dass mich ein wichtiger Auftrag in Afrika festhält. Ich geb Dir mein allerhöchstes Ehrenwort, dass ich so bald wie möglich zurückkomme. Dann bring ich Dir auch etwas Schönes mit. Bei Euch ist jetzt sicher alles tief verschneit. Mami füttert die Vögel im Futterhäuschen, am Dach hängen lange Eiszapfen und Du darfst nie vergessen Mütze, Schal und Handschuhe anzuziehen, wenn Du das Haus verlässt, denn draußen ist es klirrend kalt.

Hier dagegen ist es trocken und sehr, sehr heiß. Es hat schon lange nicht mehr geregnet. Eiszapfen sind völlig unbekannt und die Mittagsstunden verbringt man am besten im Schatten eines Affenbrotbaums. Handschuhe und Schal braucht man nicht und eine Mütze oder einen Hut setzt man nur dann auf, wenn einem die Sonne zu sehr auf den Kopf brennt.

Erinnerst Du Dich daran, dass wir gemeinsam im Atlas nachgesehen haben, wo sich die Republik Mali in Westafrika befindet? Dabei hast Du mir das Versprechen abgenommen, Dir möglichst oft einen Brief zu schreiben, und verlangt, dass es mindestens hundert oder noch mehr Briefe werden. Ich glaube nicht, dass ich das schaffe, weil man hier, südlich der Wüste Sahara, nur selten einen Briefkasten findet, dem ein Vater einen Brief an seinen kleinen Sohn anvertrauen kann.

Dieses ist also mein Weihnachtsbrief an Dich, und während ich ihn schreibe, stelle ich mir vor, wie Du Mami dabei hilfst, den Weihnachtsbaum zu schmücken. Ganz oben befestigt Ihr den goldenen Stern, an die Zweige hängt Ihr silberne Kugeln oder Äpfel und überall stecken rote Kerzen. Ich vermute, dass Du wie jedes Jahr Bauchweh bekommst, weil Mamis Plätzchen so gut schmecken und Du zu viel von ihnen naschst.

Heute hatte ich ein lustiges Erlebnis. Wir kamen aus Timbuktu und überquerten den Niger auf einer Fähre. (Das schreibe ich nur, damit Du es Dir auf der Karte noch einmal ansehen kannst.) Am darauffolgenden Tag sind wir hier in der Ortschaft Sangha abgestiegen. Es war eine sehr staubige heiße Fahrt gewesen und ich hatte schrecklichen Durst. So durstig ist man bei uns zu Hause nur selten. Deshalb hab ich mir gleich eine Dose

Coca-Cola gekauft und mich damit auf die Stufen vor dem Eingang unseres Gästehauses gesetzt. Ich hatte gerade die Dose ausgetrunken und wollte aufstehen, um mir eine neue zu holen, da rannte ein kleiner Junge auf mich zu und fragte mich ein wenig atemlos: »Schenkst du sie mir?« Ich schätze, er war so alt wie Du, Timmy, vielleicht auch ein bisschen jünger. Ohne lange zu überlegen, reichte ich ihm die Dose. Er riss sie mir aus der Hand, rannte mit seinem Schatz davon und verschwand hinter einem der wellblechgedeckten Lehmhäuser. Das weckte meine Neugier. Ich wollte wissen,

warum er so versessen auf die Dose war. Deshalb folgte ich ihm. Ich entdeckte ihn und einen anderen Jungen in einem von einer Mauer umgebenen Hinterhof. Die beiden hockten auf dem Boden und versuchten etwas zusammenzubauen, von dem ich lange nicht erkennen konnte, was es werden sollte. Ich blieb vor der Mauer stehen und beobachtete sie. Neben ihnen lagen noch zwei andere, etwas verbeulte Dosen ähnlich derjenigen, die ich dem Kleinen geschenkt hatte, dann noch ein paar krumm geschlagene Nägel, etwas Draht, zwei abgebrochene Eisenstäbe, ein verrostetes Stück Wellblech und eine bunte Margarineschachtel aus einem Supermarkt. Der Größere der beiden, offensichtlich der ältere Bruder des Kleinen, hebelte gerade mit einem Messer die Deckel von den Dosen. Der Kleinere durchbohrte die Deckel mit einem Nagel. Dann verband er jeweils zwei mit einem der Eisenstäbe. Glücklicherweise waren beide so versunken in ihre Arbeit, dass sie mich nicht bemerkten. Erst als sie die Schachtel über den Stäben mit den Dosendeckeln befestigten, wurde mir klar, dass sie so etwas Ähnliches wie einen Wagen bauten, den man mit allerlei beladen und hinter sich herziehen kann.

Du wirst es mir nicht glauben, Timmy, aber es wurde das abenteuerlichste und fantastischste Gefährt, das ich jemals gesehen habe, so ein Mittelding zwischen einem Lastauto, einer Lokomotive und einer Mondrakete auf Rädern, viel, viel aufregender als das Auto von James Bond. Nachdem die Jungen mit dem Ergebnis ihrer Arbeit zufrieden zu sein schienen, befestigten sie in der Mitte der Vorderachse eine Schnur. Als der Kleine sein Gefährt probeweise ein Stück vorwärtszerrte, strahlte sein Gesicht vor Glück. Dann holte er tief Luft und rannte los, während er mit seiner Stimme das Schnaufen, Tuckern, Dröhnen und Rattern einer schweren Maschine nachahmte. Einmal kam es mir so vor, als sähe ich Qualm aus den Dosen aufsteigen, dann quietschten Bremsen. Es krachte. Eine Polizeisirene heulte auf. Die ausgefransten Blechdosendeckelräder holperten und klapperten. Ab und zu hörten sie auf sich zu drehen. Dann hinterließen sie eine Rinne in dem festgestampften Boden. Der ältere Bruder schlug sich auf die Schenkel vor Lachen. Er rief etwas über die Schulter zurück ins Haus. Da trat eine dicke schwarze Frau in einem bunten Kattunkleid vor die Tür. Sie war wahrscheinlich die Mutter der beiden. Der Kleine hob den Wagen stolz in die Höhe und zeigte ihn ihr.

Ich kann mich nicht daran erinnern, Timmy, dass Du jemals an einem deiner vielen Spielsachen, auch nicht an Deinem Gameboy oder dem Modellhubschrauber, so viel Freude hattest wie dieser kleine afrikanische Bub

irgendwo tief in Afrika mit seinem selbst gebastelten Gefährt.
Mach's gut, gib der Mami einen dicken Kuss von mir!
Fröhliche Weihnachten wünscht Euch beiden

dein Dich liebender Papa.

Bianka Minte-König

Komm mit, es weihnachtet sehr

Anna und Max binden zusammen mit Mama Adventskränze, Mama einen großen für die Diele, die Kinder kleine für Eingangstür und Tisch.
Die fertigen Kränze verzieren sie mit schönem Schleifenband. Papa hängt den großen Kranz an die Decke. Anna schnuppert: »Wie gut das duftet!«
Am ersten Advent hängt morgens ein Adventskalender an der Wand. Die kleinen Überraschungen in den Söckchen versüßen den Kindern das Aufstehen in der kalten, dunklen Jahreszeit.
Nachmittags zündet Max mit zittriger Hand die erste Kerze auf dem Adventskranz an. »Advent, Advent, ein Lichtlein brennt.«
Draußen ist es bitterkalt. Die Scheiben in der Diele sind zugefroren. Max bestaunt die Eisblumen. Als er gegen das Fenster haucht, schmelzen sie unter seinem warmen Atem.
»Jetzt müssen wir den Vögeln helfen«, sagt Papa. Er

stellt das Vogelhaus auf und Anna streut Körner hinein.
Nun schmecken die Bratäpfel besonders gut. Gemeinsam mit Mama bereiten die Kinder dicke Äpfel für den Ofen vor. Anna sticht die Kerngehäuse mit einem Apfelstecher aus und Max füllt Rosinen in die Äpfel. Nach dem Backen werden sie mit Zimt und Zucker bestreut und mit einem Sahnehäubchen verziert. »Lecker!«
Am 6. Dezember ist Nikolaustag. Da macht das Aufwachen besonders großen Spaß. Vor der Tür haben die Kinder am Abend ihre Stiefel aufgestellt. Nun finden sie darin kleine Gaben, die der Nikolaus gebracht hat.
»Da wart ihr ja wohl brav!«, lacht Mama.
Am Nachmittag kommt der Nikolaus in die Turnhalle. Alle Kinder sind eingeladen und für jedes Kind hat er ein kleines Geschenk in seinem großen Sack. Als er fragt, ob jemand ein Lied singen kann, melden sich Anna und Max. Bald singen alle mit: »Lustig, lustig, trallalalala, heut ist Nikolausabend da ...«
Nun beginnt die Weihnachtsbastelei. Anna und Max vergolden Nüsse und Tannenzapfen, die sie im Herbst gesammelt haben. Dann sind die Wunschzettel dran, denn schließlich müssen Weihnachtsmann und Christkind ja wissen, was sie für die Kinder unter den Weihnachtsbaum legen sollen.

Auch im Kindergarten wird gebastelt. Aus buntem Karton schneidet Max einen Weihnachtsmann aus. Die älteren Kinder formen aus Ton kleine Kerzenhalter. Mit Farbe lasiert und im Ofen gebrannt, sind sie eine festliche Tischdekoration und ein schönes Geschenk für die Eltern.

Die Fenster im Kinderzimmer werden geputzt.

»So, Kinder«, sagt Mama, »jetzt dürft ihr die Scheiben weihnachtlich bemalen.«

Max freut sich und holt gleich die Fingerfarben. Er malt einen dicken Schneemann. Anna malt einen Weihnachtsengel mit Flügeln.

Genau so einen Engel spielt Anna in der Schule im Krippenspiel. Sie bringt den Hirten die frohe Weihnachtsbotschaft: »Euch ist heute das Christkind geboren. Ihr findet es in einem Stall, da liegt es in Windeln gewickelt in einer Krippe.«

Eltern und Geschwister freuen sich beim Adventsnachmittag darüber.

Am zweiten Advent fahren die Kinder mit den Eltern auf einen Bauernhof.

»Guck mal, da läuft unser Weihnachtsbraten!«, ruft Max, als sie die vielen Gänse sehen.

Anna findet das gar nicht lustig. Als Papa eine Gans bestellt, sagt sie: »Ich esse aber nichts davon, die arme Gans!«

Auf der Rückfahrt ist es schon dunkel. Sie halten in der Stadt und bummeln durch die weihnachtlich geschmückte Fußgängerzone. Max drückt sich an den Schaufenstern die Nase platt. Was könnte er nicht alles noch gebrauchen!

»Zu spät«, lacht Mama, »eure Wunschzettel sind ja schon abgeschickt!«

Aber Max meint: »Papa, jag doch noch ein Fax hinterher!«

Die nächste Woche steht ganz im Zeichen der Weihnachtsbäckerei.

Anna hat die Einkaufsliste und liest vor. Mehl, Zucker, Butter, Mandeln, Haselnüsse, Vanille- und Puderzucker, Eier und noch vieles mehr. Im Einkaufswagen stapeln sich die guten Zutaten.

»Dann kann es ja losgehen!«, lacht Max.

Als Papa abends heimkommt, sieht es in der Küche schrecklich aus. Dafür duftet es aber köstlich! Max und Anna sind noch emsig dabei, Vanillekipferl zu formen und Plätzchen zu dekorieren. Mama zieht gerade ein fertiges Blech aus dem Backofen.

»Darf ich naschen?«, fragt Papa.

»Klar«, erlaubt Max großzügig.

Am dritten Advent geht die ganze Familie zum Weihnachtsmarkt. Es riecht nach gebrannten Mandeln. In vielen kleinen Holzbuden wird weihnachtliches Kunst-

handwerk verkauft. In der Mitte dreht sich das Karussell und ein Posaunenchor bläst Weihnachtslieder.
Inzwischen zieht Weihnachtsstimmung in jeden Raum. Nun wird es Zeit, die letzten Päckchen und Pakete für Freunde und Verwandte zu packen. Papa und Max schleppen sie gemeinsam zur Post.
Die nächsten Tage sind voller Aufregungen und Geheimnisse. Mama hat der Putzteufel gepackt und Papa holt geheimnisvolle Kartons vom Dachboden. »Finger weg, du Naseweis!«, ruft er, als Max gleich ans Auspacken gehen will.
»Da ist der Weihnachtsbaumschmuck drin«, flüstert Anna, »und die Krippe!«
»Kommt!«, ruft Papa eines Morgens. »Heute holen wir den Weihnachtsbaum!«
Sie fahren mit dem Auto zur Försterei. Dort können sie einen bereits geschlagenen Baum kaufen oder sich in der Fichtenschonung selbst einen Baum aussuchen. Für kalte Nasen gibt es Früchtepunsch und Wurst vom Rost.
Natürlich wollen Max und Anna sich ihren Traumbaum selbst aussuchen. Aber als er abgesägt werden soll, ruft Anna: »Nein, der arme Baum!«
»Weihnachtsbaum zu werden ist die Krönung seines Lebens«, erklärt Papa ihr.
Nur weil Max heulend auf seinem Baum besteht, stimmt Anna schließlich zu.

Dann ist er da, der Heilige Abend. Den ganzen Tag waren die Kinder aus dem Wohnzimmer ausgesperrt. Sie konnten nur Flüstern und geheimnisvolles Rascheln hören.

Am Nachmittag geht die ganze Familie in die Kirche. Die Pastorin sagt: »Freuet euch, denn euch ist heute der Heiland geboren!«

Danach ist zu Hause Bescherung. Ein Glöckchen klingelt, die Tür öffnet sich und der Weihnachtsbaum erstrahlt im Weihnachtsschmuck und Lichterglanz.

»Meinst du nicht, dass der Baum sich jetzt auch freut?«, fragt Max.

»Doch«, flüstert Anna andächtig, »ich glaube, er lächelt.«

Am ersten Weihnachtstag kommen die Großeltern zu Besuch. An der festlichen Tafel genießen alle das Weihnachtsessen. Weil der Gänsebraten gar zu lecker aussieht, probiert auch Anna ein Stück. Oma erzählt, wie Weihnachten früher war. Die Krippe, Tannengrün und Gänsebraten gehörten schon immer dazu.

Nach dem Essen werden die Lichter am Weihnachtsbaum angezündet und Oma liest die Weihnachtsgeschichte vor. Dann wird musiziert. Opa spielt Akkordeon, Anna Flöte, und als Max singt: »Lasst uns froh und munter sein …«, kommen die Worte aus einem wirklich fröhlichen Herzen.

Max Kruse

Das Urmel erfährt, was die Hauptsache von Weihnachten ist

Das Urmel, der kleine Lümmel, saß auf dem Hocker in der Küche, strich sich über den runden Bauch und maunzte: »Du, Wutz, wir könnten doch mal wieder ein schönes Fest feiern.«
»Was denn für ein Fest, öföff?«
»Na, eines, wo sich jeder freut, so wie ein Geburtstag, aber eben ein Geburtstag für alle.«
»Ach, öföff, das kann nur Weihnachten sein.«
»Ja, und warum feiern wir nie Weihnachten?«
Wutz hörte auf in der dicken Gemüsesuppe für den Professor zu rühren. »Wie kommst du denn plötzlich auf diese Idee, öföff?«, fragte sie erstaunt. Sie schaute auf die Blasen, die im Topf aufstiegen, aufplatzten und dampften. Sie dachte nach. »Na ja«, meinte sie dann, »das weiß ich auch nicht, öföff.«
Wawa blinzelte unter dem Küchentisch hervor. »Weihnachten?«, fragte er zischelnd. »Was ist denn das? Ist das was tschum Essen? Ist Weihnachten etwas, das Wutsch für uns kochen soll?«

Wutz sah ihn mit gerümpftem Nasenrüssel an. Wie konnte man nur so dumm sein! »Nein, Wawa«, erklärte sie. »Weihnachten ist ein Fest. Die Menschen feiern es schon seit vielen Hundert Jahren. Am liebsten haben sie es, wenn dann hoher Schnee liegt. Sie nennen das weiße Weihnachten, öföff. Dann zünden sie Kerzen an einem Weihnachtsbaum an und stellen eine Krippe darunter.«

»Was ist denn eine Krippe?«, wollte nun das Urmel wissen.

»Nun, eine Krippe ist ein kleiner, einem großen nachgebildeter Stall, mit einem kleinen Ochsen und einem Esel darin, vor allem aber mit Maria und Josef und dem Jesuskind.«

»Und alle sind lebendig?«

»Nein, alle sind Figuren, oft sind sie geschnitzt, meistens bemalt. Es gibt auch die Heiligen Drei Könige, die von weit her gekommen sind, um das Jesuskind anzubeten und ihm Geschenke zu bringen. Darüber leuchtet der Weihnachtsstern, öföff!« Wutz redete sich in Begeisterung. »Oh, es gibt so viele schöne Weihnachtsgeschichten. Vielleicht erzähle ich euch einmal die eine oder andere. Ja, was wollte ich eigentlich sagen, öföff? Na, jedenfalls, Weihnachten ist nichts zum Essen, aber es gibt an Weihnachten viel zu essen. Sogar immer besonders gute Speisen, öföff.«

»Denkst du an Pfweinebraten, Wutz?«, fragte Ping Pinguin anzüglich.

Wutz schnaufte empört. Es würde für sie immer unverständlich bleiben, dass so viele Menschen auf der Erde Schweine verzehrten. Deshalb schätzte sie die Moslems und die Juden, denen das verboten war. Das fand sie ganz richtig – nur zu verständlich.

Dann sprach sie weiter: »Weihnachten ist das Fest, an dem die Hausfrau die meiste Arbeit hat!«

Als Wutz das gesagt hatte, rührte sie weiter in der Suppe. Das war auch nötig, denn sie begann bereits am Topfboden anzusetzen.

Ping Pinguin war eben über die Türschwelle der Küche hereingewatschelt. Er hatte schon etwas von der Unterhaltung mit angehört. Einerseits hatte er Sorge, es könnte Arbeit auf ihn zukommen, andererseits aber hatte er auch die schadenfrohe Hoffnung, dass Wutz dann viel zu tun haben würde und sich nicht um alle kümmern konnte. Also auch nicht um ihn. Er reckte den Schnabel nach oben und fragte: »Ach, musst du da pfeuern und putzen, Wutz? Wenn du nämlich zu Weihnachten pfeuern und putzen musst, dann kann Weihnachten nichts für mich sein. Denn wenn du pfeuerst und putzt, dann bist du immer ganz ekelhaft.«

Wawa sagte mutig: »Du hast Recht, Ping, wenn Wutsch scheuert und putscht, ist es kaum austschuhalten.«

Wutz runzelte ihre vom vielen Nachdenken faltig gewordene Schweinestirn. Sie schnaufte empört: »Ihr wisst ja gar nicht, was Arbeiten bedeutet, öfföff, ihr unnützen Tiere.«

»Ha! Das will ich aber nicht gehört haben, dass du unnütsche Tiere tschu uns sagst«, zischte Wawa. »Das mag der Professor nämlich nicht. Jeder von uns ist ein sehr, sehr nütschliches Mitglied unserer Gemeinschaft!« Etwas leiser fuhr er fort: »Auch wenn er noch so klein ist!«

»Jawohl, ein nützliches Mitglied unserer pfönen Gemeinpfaft!«, stimmte ihm Ping Pinguin lebhaft zu und schlug mit den Stummelflügeln. »Und wenn wir etwas nicht verstehen«, piepste er, »dann musst du es uns eben erklären!«

»Wozu? Ihr begreift es ja doch nicht, öföff. Wie auch immer, für ein schönes Weihnachtsfest muss die Hausfrau am meisten tun und erntet dafür am wenigsten Dank! Aber die Mühe und Arbeit ist doch nicht die Hauptsache!«

Das Urmel schaukelte auf den zwei hinteren Beinen des Hockers. »Na, dann sag uns doch mal, Wutz, was die Hauptsache von Weihnachten ist!«

Alle waren völlig in dieses Gespräch vertieft. So hatten sie nicht bemerkt, dass Seele-Fant eben den Hügel heraufgerobbt war. Endlich! Uffuff! Wer schon einmal der Länge lang auf seinem Bauch eine Steigung hinaufgerutscht ist, weiß, wie anstrengend das ist. Als er nun durch die Eingangstür des Blockhauses robbte, hörte Wutz wieder auf in der Suppe zu rühren. Noch konnte sie nicht sehen, wer da kam, aber sie ahnte es. Sie stemmte ein Ärmchen in ihre füllige Seite und schnaufte: »Da kommt doch jemand, öföff!«

»Seele-Fant!«, rief Ping Pinguin erfreut. Er mochte den mächtigen Kerl, mit dem er schon so viele Lieder gesungen hatte.

Wutz strahlte, so sehr freute sie sich über Seele-Fants Besuch.

Nun schob sich Seele-Fant über die Schwelle der Küchentür. Er hob seinen runden Kopf, der ein Teil seines massigen, faltenreichen Halses zu sein schien, und fragte: »Öch störö hofföntlöch nöcht? Öch meunö, ös kommt ja nömand von sölbst auf dön Gödankön, möch zu bösuchön. Da muss öch mör schon dö Möhö machön.« Er hatte unterwegs auf dem langen Weg ganz vergessen, dass Schusch ihn aufgefordert hatte heraufzukommen. Er murmelte: »Ja, Weuhnachtön, höm, darf öch dazu auch mal was sagön?«

Wutz schaute ihn interessiert an. Wawa zischelte Ping Pinguin leise zu: »Schau mal, Wutsch wartet auf eine Liebeserklärung!«

Wutz hatte das Wort »Liebeserklärung« gehört. »Freche Bande, öföff«, grunzte sie. »Wollt ihr wohl still sein!«

In diesem Augenblick ertönte draußen das Rauschen von Flügeln, es gab ein Geräusch, wie wenn ein großer Vogel auf einem Fensterbrett landet. Und so war es auch.

Auch Schusch wusste nicht mehr, weshalb er hier heraufgeflogen war und warum er Seele-Fant aufgefordert hatte zu kommen. So ein Vogelkopf ist ja ziemlich klein. Er fragte Seele-Fant: »Was wärd es denn, was du sagen wällst, Seele-Fant? Wärd es ein Gesage oder ein Gesänge?«

Seele-Fant schaute Schusch verlegen an. Diese Frage brachte ihn in Verwirrung. Er legte die Stirn in Falten, bettete seinen Kopf auf den Fußboden und rollte die Augen gen Himmel – also an die Küchendecke. Alle sahen ihn erwartungsvoll an. Endlich machte er sein Maul auf: »Öch wolltö nur sagön, dass Weuhnachtön ötwas sör Schönös seun muss. Öch habö eunmal zugösöhön, natürlöch nur zufällög, wö auf eunöm Sögölschöff Weuhnachtön göfeuert wurdö ...«

»Aber es heißt gefeiert, Seele-Fant!«, wies ihn das Urmel zurecht. »Nicht gefeuert! Gefeuert ist etwas ganz anderes!«

»Das sag öch ja, göfeuert!«

»Mit Feuer, Rauch und Hitze?«

»Ach was, möt Körzön und eunöm Weuhnachtsbaum. Abör am schönstön war doch, dass so völö feuerlöchö Lödör gösungön wurdön.«

Das Urmel wollte etwas über die »feuerlichen Lieder« sagen und fragen, ob das Lieder seien, die brennen können, aber Schusch unterbrach es. Er klapperte mit den Augen und krähte: »Wäso bäst du überhaupt här, Seele-Fant?«

Da fiel es dem wieder ein: »Na, du hast mör doch gösagt, öch soll kommön!«

»Was, äch?«

»Ötwa nöcht? Nöcht eunmal das? Traurög, traurög!«

»Hm«, machte Schusch. »Välleicht habe äch wärkläch etwas sagen wollen. Välleicht war es sogar etwas Wächtäges. Aber es fällt mär gerade nächt ein!«

»Ach, das geht mir oft so!«, rief das Urmel, um ihn zu trösten.

Schusch dachte nach. Er legte seinen Vogelkopf schief. Dann erinnerte er sich an das eben unterbrochene Gespräch. Er hob den Kopf und erklärte: »Zu Weihnachten gäbt es auch schöne Geschenke. Äch weiß das, äch habe schon än väle Weihnachtsstuben häneingeguckt!«

Ping Pinguin schaute seinen großen Freund interessiert an. Er beneidete Schusch immer, weil dieser so gut fliegen konnte, und vergaß dabei, dass Schusch im Wasser ganz hilflos war. Er fragte: »Was meinst du, Pfupf? Gepfenke? Was ist denn das?«

»Ach«, zischte Wawa dazwischen, »Geschenke! Davon habe ich schon gehört, Ping. Geschenke sind das, was man von einem anderen bekommt und meist nicht mag oder nicht brauchen kann. Geschenke sind unnütsch!«

»Nun«, meinte Wutz. »Immerhin gibt es auch Plätzchen, Wawa, und Schokolade und Süßigkeiten, öföff. Und Pfefferkuchen ...«

»Das will ich alles nicht«, erklärte Wawa entschieden.

Ping Pinguin fragte: »Pfefferkuchen? Was ist denn das, Wutz?«

»Na, was Süßes zum Essen. Es ist rund, unten weiß und oben braun und gewölbt wie ein kleiner Hügel, öf-föff.«

»Ich esse keine Hügel«, schnatterte Ping Pinguin. »Und außerdem haben wir doch immer genug zum Essen!«

Wawa fühlte sich bestätigt. »Hab ich ja gesagt, Ping, Geschenke sind lauter Sachen, die man gar nicht braucht. Was soll ich kleiner Waran tschum Beispiel mit einer elektrischen Eisenbahn? So 'n Blödsinn! Zisch!«

»Ich glaube aber doch, dass Geschenke etwas ganz Tolles sind«, maunzte das Urmel. »Ich will Geschenke haben! Und was ich bestimmt einmal sehen will, das ist ein ... das ist ein ... Na, so ein Dingsda mit vielen grünen Stachelästen. Mit Glitzerzeug und mit vielen, vielen Kerzen! Das muss schön sein!«

»Du meinst einen Weihnachtsbaum, hab ich doch vorhin schon gesagt, öföff. Aber es müsste ein Tannenbaum sein und hier auf Titiwu wachsen keine Tannen, öföff, hier wachsen nur Palmen, Bambus und andere tropische Pflanzen.«

»Wutsch ist die geborene Lehrerin, findest du nicht?«, zischelte Wawa Ping Pinguin zu.

Das Urmel schwatzte weiter: »Das kann schon sein, Wutz, dass es hier keine Tannenbäume gibt. Aber wozu sind wir mit König Futsch befreundet? Er kann uns doch einen Tannenbaum aus Pumpolon bringen, in seinem Hubschrauber!«

Das Urmel meinte König Pumponell den Fünfundfünfzigsten, der aus einem Feind zu einem Freund geworden war. König Futsch war sein Spitzname, weil er auf seinen Thron verzichten musste. Krone und Thron waren sozusagen »futsch«, wie er lachend erklärte. Er fand das Leben angenehmer ohne königliche Pflichten.

Sie redeten noch viel hin und her und malten sich Weihnachten in immer schöneren Farben aus. Nach und nach begeisterten sich alle für die Idee. Vor allem mussten sie aber den Professor dafür gewinnen. Und das wollten sie gleich versuchen.

Eine kleine Prozession begleitete Wutz, als sie dem Professor die Suppe in sein Arbeitszimmer brachte. Das Urmel schubste sie vor Eifer, Wawa und Ping Pinguin folgten ihm auf dem Fuß – genauer gesagt auf dem Schwanz, denn sie traten ihm fast darauf –, Schusch flog ganz einfach außen herum von Fenster zu Fenster und Seele-Fant rutschte hinter Wawa und Ping Pinguin her. Der Professor schaute von seinen Büchern auf.

Wutz stellte den dampfenden Suppentopf vor ihm auf den Tisch. »Nun iss, öföff, sonst wird die Suppe kalt!«, sagte sie und fuhr ohne Pause fort: »Und dann wollten wir dir sagen, dass wir alle zusammen einmal Weihnachten feiern möchten, öff.«

»Du liebe Güte«, murmelte er. Der Professor dachte an ganz andere, ihm viel wichtigere Dinge. »So ein Unsinn! Etwas Vernünftigeres fällt euch wohl nicht ein?«

»Weihnachten ist kein Unsinn, sondern sehr vernünftig. Da sind alle ganz lieb zueinander«, erklärte Ping Pinguin. »Und du willst doch, dass wir lieb zueinander sind, oder? Wir pfauen mit glänzenden Augen auf die Kerzen und auf den Weihnachtsbaum und singen mit Seele-Fant feierliche Lieder!«

»Feuerlöchö Lödör«, echote Seele-Fant. Er öffnete

gleich sein Maul und röhrte mit dunkler Stimme: »O Tannönbaum ...«

Aber Wutz wies ihn zurecht. »Jetzt noch nicht, Seele-Fant! Erst am Heiligen Abend!«

Das Urmel quäkte: »Ich freue mich schon auf die vielen Geschenke! Von Wutz will ich Rollschuhe haben, da kann ich ganz toll rumblattern!«

»Oh nein!«, rief der Professor entsetzt und hob beide Hände. »Wutz, kannst du das diesem närrischen Kind nicht ausreden? Ich tue euch ja wirklich gern jeden Gefallen. Aber mit Weihnachten ist das so eine Sache. Da feiern die Christen die Geburt des Jesuskindes. Und das tun sie mitten im Winter, in der kältesten Jahreszeit, in Europa jedenfalls. Der Weihnachtsbaum mit den vielen Kerzen ist für sie das Zeichen dafür, dass auch das warme Licht der Sonne im Frühling wiederkehren wird. Daher kommt der Brauch, einen Lichterbaum aufzustellen. Er ist ein Zeichen der Hoffnung. Die Kerzen verkünden die Wiederkehr des Lichts. Schon die alten Germanen stellten sich im Winter grüne Bäume in ihre Holzhütten, in der Hoffnung auf den Frühling. Aber wir auf Titiwu haben doch immer Sonne und Hitze, immer Sommer, immer nur Licht! Da brauchen wir doch keine Hoffnung darauf!«

»Ph«, machte das Urmel. »Was bedeutet das schon? Wenn der Winter nicht zu dir kommt, dann musst du eben zum Winter fahren. Wir brauchen doch bloß wohin zu reisen, wo es nicht Sommer ist, sondern immer Winter!«

»Da wachsen aber keine Weihnachtsbäume!«

»Dann nehmen wir eben einen mit!«

Wieder bewegte Ping Pinguin seine Stummelflügel ganz eifrig. Er erzeugte damit sogar ein bisschen Wind. »Au ja«, krähte er begeistert, »wir fahren wieder an den Nordpol, wo wir pfon mal gewesen sind. Da gibt es so viel Pfnee und Eis und Pfnee und Eis. Genug, um viele, viele Male Weihnachten zu feiern!«

Hanna Jansen
Ein ganzes Jahr Weihnachten

Gegen Mittag verließ Grace das Haus und stapfte barfuß durch den heißen Sand. Bis zu dem kleinen Restaurant am Strand, das ihren Eltern gehörte, waren es nur wenige Meter.

Den ganzen Morgen lang war sie allein gewesen, denn während der Ferien mussten ihr Bruder Gregg und ihre Schwester Gretha wie die Eltern im Restaurant arbeiten. Nur Grace hatte frei, weil sie die Jüngste war und noch nicht zur Schule ging.

Freizuhaben war gut, aber auch langweilig, wenn niemand da war, mit dem man spielen konnte.

Als ihr nichts mehr eingefallen war, womit sie sich die Langeweile vertreiben konnte, hatte sie sich aufs Sofa gelegt und tief nachgedacht. Über Weihnachten. In drei Wochen würde es mit einem der Lastschiffe über das weite Meer zu der kleinen Insel in der Karibik kommen.

Ja, Weihnachten kam mit vielen bestellten Geschenken auf einem Schiff zu ihnen. Auf einem besonders schwer beladenen Schiff, das an diesem Tag zu den üblichen Lebensmitteln, Möbeln und Haushaltsgeräten eben auch Weihnachten mit sich trug. Grace freute sich auf den Tag, an dem es in den Hafen einfahren würde. Wie immer würde auch sie dort sein, mit ihren Eltern und Geschwistern und vielen anderen Inselbewohnern. Um Weihnachten zu empfangen.

Doch dieses Jahr, so hatte Grace es sich in den Kopf gesetzt, wollte sie das richtige Weihnachten haben! Mit Schnee und einem richtigen Weihnachtsbaum.

Auf der Insel wuchsen viele Bäume. Sie war sogar das ganze Jahr über grün vor lauter Bäumen. Jetzt im Dezember hingen die Orangen- und Zitronenbäume voll reifer Früchte. Und an dem riesigen Mandelbaum vorm Restaurant zog das Gewicht der Mandeln die Äste nach unten. Es gab Mangobäume, Bananenpalmen, Kokosnusspalmen und Bäume jeder Art. Nur leider keine Weihnachtsbäume.

Die wuchsen anderswo. Zum Beispiel in Amerika. Wo es Weihnachten auch schneite. Im Fernsehen hatte Grace einen Weihnachtsfilm gesehen und dabei Bilder aus einer völlig anderen Welt bestaunt.

Weißer, glitzernder Schnee, der in Krümeln vom Himmel fiel und alles zudeckte. Wenn es schneite, mussten die Leute dicke Mäntel, Mützen, Schals und Handschuhe tragen, weil der Schnee entsetzlich kalt war. So kalt wie das Eis an den Wänden der großen Gefriertruhe, das sie und Gretha manchmal abkratzten, um sich damit zu bewerfen.

Auf der Insel wurde es niemals richtig kalt. Und nie fiel hier Schnee vom Himmel.

Seit Grace den Film gesehen hatte, wusste sie, dass man Weihnachten eigentlich auch einen Kamin haben musste, neben dem Socken aufgehängt wurden. Für Santa Claus, der durch den Schornstein ins Haus rutschte und die Geschenke brachte. Und vor dem Kamin musste ein Schaukelstuhl stehen, auf dem die Großmutter saß und den Enkelkindern Geschichten vorlas.

Einen Schaukelstuhl gab es schon im Wohnzimmer. Und es gab auch eine Oma, die allerdings nicht bei ihnen wohnte, jedoch beinah jeden Sonntag zu Besuch kam. Einen Kamin gab es nicht, weil sie keinen brauchten. Aber das machte vielleicht nichts. Die Socken konnte man ebenso gut an der Wand neben der Tür aufhängen. Und bisher hatte Santa Claus auch ohne Kamin den Weg zu ihnen gefunden.

Das Allerwichtigste war ein geschmückter Tannenbaum. Und Schnee.

»Dieses Jahr muss mir das Weihnachtsschiff unbedingt einen Tannenbaum mitbringen! Und Schmuck und Lichter dafür«, dachte Grace auf dem Weg zum Restaurant. Wild entschlossen setzte sie einen Fuß vor den anderen. Ihre dicken schwarzen Zöpfe wippten auf den Schultern. »Mama und Papa sollen ihn für mich bestellen. Den Schnee können wir ja aus der Gefriertruhe nehmen.«

Das Restaurant, ein an den Seiten offenes Holzhaus, war bis auf den letzten Platz besetzt. Grace sah ihren Vater, der gerade ein schweres Tablett zu einem deutschen Ehepaar hinübertrug. Der kahlköpfige Mann und die blonde Frau wohnten seit ein paar Tagen nebenan im Hotel des Onkels.

Die Frau lächelte Grace zu. Sie lächelte fast immer, während der Mann ziemlich missmutig dreinblickte.

Als ihr Vater vom Tisch des Ehepaars zurückkam, verstellte Grace ihm den Weg.

»Was willst du denn hier?«, knurrte er. »Du siehst doch, wie viel zu tun ist!« Über sein rundes, braunes Gesicht perlten Schweißtropfen, die in seinem Krausbart hängen blieben.

»Es ist wegen Weihnachten«, sagte Grace.

»Später! Ich habe jetzt keine Zeit für Weihnachten!«, entgegnete er unwirsch und ließ sie stehen.

»Ich will aber einen Baum!«, krähte sie hinter ihm her. Er verschwand in der Küche. Sie rannte ihm nach. Als sie die Küchentür erreichte, kam Gregg gerade mit zwei prall gefüllten Müllsäcken heraus. »Geh mir aus dem Weg!«, schimpfte er und drängte sich vorbei.

Mama und Gretha saßen am Tisch. Mama schnitt den Bauch eines Barrakudas auf und holte die Innereien heraus. Das Maul des großen schwarzen Fisches stand weit offen. Es sah so aus, als würde er schreien. Oder als wollte er mit seinen spitzen Raubfischzähnen zubeißen. Grace und Gretha bastelten manchmal Ketten aus ihnen.
Gretha zerhackte Zwiebeln. Sie schniefte laut. Grace wusste, wie sehr ihre Schwester Zwiebelnhacken hasste, weil sie dabei weinen musste. Papa hatte inzwischen ein weiteres Tablett voll geladen.
»Geh aus der Tür!«, befahl er Grace. Sie machte ihm Platz und schon war er draußen.
»Mama, dieses Jahr will ich einen richtigen Weihnachtsbaum. Einen mit bunten Kugeln und Schnee«, sagte Grace.
»Hallo, Prinzessin«, antwortete Mama ausweichend. »Was hast du denn heute Morgen so gemacht?«
»Über Weihnachten nachgedacht«, erklärte Grace. »Ich will, dass wir es diesmal richtig feiern. Mit einem Weihnachtsbaum und Schnee.«
Mama zerteilte den Barrakuda in mehrere ungefähr gleich große Stücke. »Aber hier gibt es keine Weihnachtsbäume. Und Schnee schon gar nicht!«, sagte sie, stand auf, kehrte Grace ihren fülligen Rücken zu, ging zum Herd und begann mit Pfannen und Töpfen zu hantieren.

»Wir könnten doch einen Baum auf dem Festland bestellen«, mischte sich Gretha ein. »So einen, wie wir voriges Jahr bei Tante Isma gesehen haben.« Sie schob das Brett mit den fertig gehackten Zwiebeln so weit wie möglich von sich.

Gretha war im letzten Jahr kurz nach Weihnachten mit Mama zu der großen Nachbarinsel geflogen, weil sie sich den Arm gebrochen hatte. Er musste dort im Krankenhaus eingegipst werden. Bei der Gelegenheit hatten sie und Mama Tante Isma besucht und deren Weihnachtsbaum bewundert. Es fiel Grace jetzt ein, dass Gretha ihr hinterher begeistert davon erzählt hatte.

»Jawohl!«, rief sie. »Ich will genau so einen Weihnachtsbaum wie Tante Ismas.«

Mama goss Öl in eine heiße Pfanne, ließ die Zwiebeln zischend dazugleiten und legte die Fischstücke hinein.

»Wir werden sehen«, sagte sie. »Es ist noch lange nicht Weihnachten. Und du, Prinzessin, sag nicht dauernd ›Ich will‹! Das gefällt Santa Claus ganz sicher nicht. Lass es dir gesagt sein!«

Der Baum war da!

Tatsächlich war er mit dem Schiff eine Woche vor Weihnachten angekommen. In einem Pappkarton.

Als Grace den flachen, langen Karton sah, wurde ihr

Gesicht beinah so lang wie er. Da sollte ihr Baum drin sein? Nie im Leben passte da ein Baum rein! Auch Gretha und Gregg starrten ungläubig auf das Paket.

Zu dritt packten sie es aus. Gregg schlitzte mit einem Messer die Seiten auf, Gretha riss den Deckel ab und Grace begann sofort im Inneren zu wühlen.

Zwischen Styroporteilen klemmte ein langer, brauner Kunststoffstab, der von oben bis unten mit Löchern versehen war. Auf dem Boden des Kartons entdeckte Grace einige unterschiedlich große durchsichtige Plastiktüten, alle mit hellgrünen Tannenzweigen gefüllt. Sie waren der Länge nach geordnet. Jetzt schien alles klar. Sie mussten den Baum selbst zusammenbauen.

Gregg zog den Stamm hervor und betrachtete ihn unschlüssig. Dann fand er eine Tüte, die vier dreieckige Stützen und einen Ring mit vier Kerben enthielt, in denen man die Stützen befestigen konnte. Offensichtlich war dies der Fuß und im Nu hatte Gregg ihn zusammengesteckt. Der Stamm passte genau in den Ring. Als er kurz darauf kerzengerade in einer Ecke des Wohnzimmers stand, klatschte Grace entzückt in die Hände.

»Die längsten Zweige müssen ganz nach unten und die kürzesten nach oben in die Spitze!«, sagte Gretha.

Nun war alles sehr einfach. Unter sechs eifrigen Händen, die die Zweige in die Löcher bohrten, wuchs der

Tannenbaum rasch empor. Gleichmäßig verjüngte er sich bis zur Spitze hin. Grace zappelte vor Aufregung, und obwohl ihr die harten Kunststoffnadeln unangenehm in die Finger piksten, hätte sie den Baum am liebsten allein gebaut. Aber Gretha und Gregg ließen sie nicht. Außerdem konnte sie ab der Mitte des Stamms die Löcher kaum noch erreichen. Obwohl sie sich reckte und auf die äußersten Zehenspitzen stellte. Ungeduldig verlangte sie von Gregg, dass er sie hochheben sollte, doch er weigerte sich. Und um ein Haar wäre das große Glück über den Weihnachtsbaum in einem heftigen Streit untergegangen, wenn nicht Gretha plötzlich auf die Idee gekommen wäre, das Styropor in Schnee zu verwandeln.

Nun hatte Grace eine sehr wichtige Aufgabe. Während ihre Geschwister den Baum fertigstellten, saß sie auf dem Boden, pulte mit Hingabe die weißen Kügelchen aus der Styroporverpackung und sammelte sie im Karton. Ihre Finger arbeiteten unermüdlich und sie gab sich alle Mühe, dass ihr nur ja kein Kügelchen abhandenkam. Der Schnee gehörte *ihr*, und wenn der Baum später geschmückt war, wollte sie sich auf einen Stuhl stellen und es von oben schneien lassen.

Wenige Tage vor Weihnachten fuhr Papa mit dem Moped zum Supermarkt. Er besorgte dort eine elektrische

Lichterkette für den Baum und brachte glänzende Kugeln in allen Farben sowie einen goldenen Stern für die Spitze mit. Inzwischen waren alle von Graces Weihnachtsbaumfieber angesteckt worden. Mama und Gretha saßen abends lange zusammen, wickelten Streichholzschachteln in rotes Papier ein und banden silberne Bändchen darum, damit die Schachteln in den Baum gehängt werden konnten. Gregg klebte die Streichhölzer zu Sternen zusammen und malte sie bunt an. Papa hatte den Einfall, Mamas Watte in lange Streifen zu zerrupfen, um sie als Schnee auf die Zweige zu legen.

Nach und nach wurde der Baum geschmückt und er wurde noch viel schöner, als Grace es sich je erträumt hatte. Er wurde einfach perfekt. Und als er in der Weihnachtsnacht kurz vor zwölf zum ersten Mal unter der Lichterkette erstrahlte, war auch Graces Weihnachtsglück vollkommen. Sie strahlte mit dem Baum um die Wette.

»Danke! Danke!«, jubelte sie und tanzte um Mama und Papa herum.

Dass sie wenig später zu ihrem Priesteronkel Benito in die Kirche mussten, passte ihr ganz und gar nicht.

Viel zu schnell ging Weihnachten vorbei. Silvester kam. Ein neues Jahr begann.

Nachdem das deutsche Ehepaar ein paarmal Graces Baum bewundert und sämtliche Fischspezialitäten aus Mamas Küche probiert hatte, reiste es Mitte Januar ab. Auch andere Touristen verließen die Insel. Im Restaurant gab es nicht mehr so viel zu tun. Gregg und Gretha genossen den Rest der Ferien. Grace genoss ihren Baum. Bis Ende Januar glänzte er täglich im Schein der Lichterkette.

Anfang Februar, als die Schule begann, meinte Mama, jetzt sei es genug. Weihnachten sei längst vorüber und sie müssten Strom sparen.

Also blieben von da an die Lichter aus. Das war zwar schade, aber auch ohne Lichter war es ein sehr schöner Baum.

Ende Februar sagte Mama eines Tages, es würde langsam Zeit, den Weihnachtsbaum abzuschmücken und bis zum nächsten Jahr in seinem Karton zu verstauen. Grace protestierte laut.

»Noch nicht!«, bettelte sie. »Es hat so viel Mühe gemacht, ihn zu schmücken.« Ausnahmsweise wurde sie von Gregg und Gretha unterstützt, die überhaupt keine Lust hatten, an die Arbeit zu gehen.

Der Baum blieb stehen. Bis Ostern. In den Ferien kamen wieder mehr Touristen und Mama, Papa, Gregg und Gretha hatten alle Hände voll im Restaurant zu tun. So vergaß Mama meistens, dass es einen Baum im Wohnzimmer gab, dessen Zeit längst abgelaufen war.

Und Papa interessierte sich nicht dafür, wer oder was in ihrem Wohnzimmer stand. Er war sowieso viel unterwegs.

Hin und wieder allerdings wurde Mama mit der Nase darauf gestoßen, dass der Baum sich in ein lächerliches Ärgernis zu verwandeln begann. Genau gesagt, jeden Samstag, wenn ihre Freundin Clavarin vorbeischaute, um vom neusten Inselklatsch zu erzählen. Clavarin hatte eine spitze Zunge und schonte auch Mama nicht. Während sie bei ihrem Weihnachtsbesuch den Baum noch mit neidvollen Blicken bedacht und kein Wort darüber verloren hatte, sparte sie nun nicht mit spöttischen Bemerkungen.

»Frohe Weihnachten!«, wünschte sie jedes Mal, wenn sie das Wohnzimmer betrat. »Melda, kann es vielleicht sein, dass auf meinem Kalender das falsche Datum steht?« Oder: »Sag, Melda, wartet ihr etwa immer noch auf Santa Claus, weil er euch dieses Jahr vergessen hat?«

Mama überhörte das und Grace streckte Clavarin hinter deren Rücken die Zunge raus.

Im Mai kamen Besucher ganz besonderer Art zum Baum. Es war die Zeit, in der die schwarzen Krebse ihre Löcher verließen und von den Bergen über die Insel zum Meer und wieder zurück wanderten. Zu Abertausenden krochen sie hervor, Rücken an Rücken bewegten sie sich vorwärts und deckten die Straßen dunkel zu. Auch den Strand. Unbeirrbar suchten sie ihren Weg, waren durch nichts aufzuhalten, krabbelten über Hauswände und Türen und man konnte es nicht verhindern, dass viele von ihnen durch Öffnungen in die Häuser gelangten. Die großen landeten manchmal unfreiwillig im Kochtopf.

Als Grace die ersten Krebse im Baum entdeckte, wurde sie wütend. Es waren ganz junge, kaum größer als ihr Daumennagel und noch nicht schwarz, sondern rosafarben. Die, vor denen sie sich besonders ekelte.

Gregg musste ein paarmal kommen und sie aus den Zweigen holen. Er tat es unwillig. »Da siehst du, was du von deinem Baum hast! Ich kann ihn nicht mehr sehen!«, murrte er.

Während der Sommermonate, die dem Mai folgten, tauchte häufig ein weiterer lästiger Besucher auf. Ihr Nachbar Luciano, den die Inselbewohner »Hund« nannten, weil er sehr heruntergekommen und ein Trinker war. Er hatte keine Arbeit und hauste in einem winzigen Zimmer bei einer alten Frau. Zerlumpt und schmutzig, meist zwei verschiedene Schuhe an den Füßen, streunte er über die Insel. Wenn er sich ihrem Haus näherte, erkannte Grace ihn immer schon von weitem an seiner wilden Afro-Mähne, die seinen Kopf wie eine braune Wolke umgab. Er lebte vom Klauen und Betteln. Säckeweise stahl er das Obst in den Gärten. Auch in den beiden großen Gärten, die Graces Familie gehörten. Anschließend kam er, um die Früchte den Besitzern für ein paar Pesos zu verkaufen.

»Warum sollte ich wohl für unser eigenes Obst bezahlen?«, fragte Mama immer, aber nur der Form halber.

»Weil ich es für dich gepflückt habe«, antwortete er.

Von Mama bekam er nicht nur die paar Pesos, die er für seinen Rum sammelte, sondern gewöhnlich auch noch eine warme Mahlzeit.

»Er ist einmal reich gewesen«, hatte sie den Kindern erzählt. »Dann hat er für Rubys Tochter Cynthia die Herzoperation und den langen Aufenthalt im Krankenhaus bezahlt. Ihr wisst doch, dass sie fast gestorben wäre. Das hat ungeheuer viel gekostet und er ist dabei arm geworden. Einer, der anderen geholfen hat, verdient auch unsere Hilfe.«

Als Luciano den Baum zum ersten Mal zu Gesicht bekam, schlug er die Hände über dem Kopf zusammen.

»Jesus Christ, Melda!«, schrie er. »Ist bei euch noch Weihnachten?«

Beim nächsten Mal rief er: »Jesus Christ, Melda, warum ist der Baum noch da?«

Dann schien er Gefallen daran zu finden, dass mitten im Sommer Weihnachten war.

Sobald er auf der Bildfläche erschien, summte er »Jingle Bells« und fragte: »Habt ihr für mich ein Weihnachtsgeschenk?« Oder: »Was hat Santa Claus denn heute für mich gebracht?«

Zu diesem Zeitpunkt hatten sich bereits alle im Haus mit der ständigen Anwesenheit des Baumes abgefunden und niemand dachte mehr daran, ihn zu entfernen. Fast geriet er in Vergessenheit. Nur Grace war sich inzwischen nicht mehr sicher, ob es richtig war, immer noch einen Weihnachtsbaum zu haben. Wie alles, was man dauernd vor Augen hat, büßte der Baum seinen Zauber allmählich ein, er wurde etwas Alltägliches. Ja, wenn sie ehrlich war, störte er sie sogar manchmal.

Und eines Sonntags im Herbst schließlich hätte er fast doch noch daran glauben müssen.

Wie jeden Sonntag kamen Oma und Opa mittags ins Restaurant zum Essen. Sie waren Mamas Eltern und Mama musste für sie sorgen. Während der Woche wurden Gretha und Gregg häufig zu ihnen geschickt, damit sie beim Saubermachen halfen und für die Großeltern einkauften. Oma war gebrechlich und Opa konnte sich kaum bewegen, weil sein Bauch mindestens doppelt so dick war wie Papas. Er war so dick, dass Opa im Stehen seine Füße nicht mehr sehen konnte. Für Mama waren die Sonntagsbesuche ihrer Eltern anstrengend, weil sie Opa selten etwas recht machen konnte. Außerdem behandelte er sie, als sei sie noch ein Kind.

An diesem Sonntag war er besonders schlecht gelaunt. Er meckerte über das Essen und behauptete, er bekäme Bauchschmerzen davon, er beschwerte sich über die Hitze und darüber, dass das Bier nicht kalt genug wäre. Dann stand er auf und schleppte sich schwankend über den Strand zum Haus, um die Toilette aufzusuchen. Als er zurückkehrte, schnaufte er vor Erschöpfung und Empörung.

»Melda!«, schnauzte er. »Was ist das für eine Schlamperei, dass ihr immer noch den Weihnachtsbaum da stehen habt! Kannst du deine faulen Kinder nicht auf Trab bringen?!«

Grace, die mit Oma und Opa zu Mittag aß, schaute vorsichtshalber auf den Teller, obwohl sie wusste, dass sie nicht gemeint war.

»Die beiden müssen uns im Restaurant helfen und außerdem zur Schule gehen«, versuchte Mama Opa zu beschwichtigen.

»Unsinn!«, brüllte er. Es war ihm anzumerken, dass er jetzt um jeden Preis über die Kinder schimpfen wollte. »Nichts als faul sind sie. Vorige Woche sind sie nicht zu uns gekommen und die Woche davor auch nicht! Was soll man davon halten, hä?«

»Nächste Woche kommen sie bestimmt!«, versicherte Mama schnell. »Ich werde dafür sorgen.«
»Das will ich hoffen! Und sorg auch dafür, dass dieser alberne Baum wegkommt! Eine Schande so was!« Er blickte zu Papa hinüber, der am Nachbartisch bediente. »Ich verstehe wirklich nicht, wie Ambrosio das dulden kann. Wenn du meine Frau wärst, würde ich dir zeigen, wer die Hosen anhat!«
»Möchtest du das letzte Hühnerbein? Ich hole den Salat. Ambrosio bringt dir noch ein Bier«, versuchte Mama abzulenken. Sie stand auf und ging zur Küche. Grace ahnte, dass sie nicht so schnell wiederkommen würde. Opa sollte sich erst beruhigen.
Nachdem die beiden Alten das Restaurant verlassen hatten, ließ Mama ihren mühsam geschluckten Ärger an Gregg und Gretha aus.
»Opa hat ganz Recht. Es wird höchste Zeit, dass ihr den Baum abschmückt! Macht, dass ihr ins Haus kommt! Ich will ihn nachher nicht mehr sehen!«
»Das ist ungerecht«, maulte Gretha. »Es ist Graces Baum. Schließlich wollte sie ihn unbedingt haben. Also soll sie ihn auch abbauen.«
»Genau!«, stimmte Gregg zu. »Außerdem, jetzt steht er schon so lange da. Bald ist wieder Weihnachten, da können wir uns doch die Arbeit sparen.«
Papa, der dazukam, nickte bekräftigend. »Lass gut sein,

Melda!«, meinte er. »Man muss praktisch denken. Hier gibt es doch genug zu tun.«
Und damit war das Thema ein für alle Mal erledigt.

Ein zweites Weihnachtsfest nahte sich für Grace und ihren Baum. Beinah wehmütig dachte sie an das erste zurück. An die Spannung und die freudige Erwartung, mit der sie einen richtigen Weihnachtsbaum herbeigesehnt hatte. Nichts davon wollte sich in diesem Jahr einstellen. Noch nicht einmal Sehnsucht nach Weihnachten. Grace mied das Wohnzimmer, um den Baum nicht mehr so oft zu sehen. Sie hoffte, dass er ihr dann am Heiligen Abend wenigstens wieder ein bisschen besonders erscheinen würde. Nicht so grau und müde wie in letzter Zeit. Außerdem tröstete sie sich mit dem Gedanken, dass ihm die Lichterkette, wenn sie erst angeschaltet war, etwas von seinem alten Glanz zurückgeben würde.
Am Morgen des 24. Dezembers endlich kam ein wenig Weihnachtsstimmung auf. Außer Papa waren alle im Haus und mit den letzten Vorbereitungen beschäftigt. Gretha hatte schon für sich und Grace die feinen Kleider zurechtgelegt, die sie am Abend anziehen sollten. Vor kurzem hatte Grace neue rote Lackschuhe bekommen. Mit schmalen Riemen, die um die Knöchel geknöpft wurden. Die Schuhe waren zwar ein bisschen

hart und drückten am Hacken, aber was machte das schon! Sie waren wunderschön. Echte Prinzessinnenschuhe.

Jetzt saß Grace auf dem Sofa im Wohnzimmer und schaute zu, wie Gregg und Gretha die gute weiße Tischdecke für besondere Anlässe über dem Tisch ausbreiteten. Gretha stellte eine dicke Kerze in die Mitte und Gregg pfiff eine Weihnachtsmelodie.

Papa war mit Freunden unterwegs, ein Weihnachtsschlückchen trinken, Mama backte in der Küche Kürbistorte und Zuckerkuchen. Überall im Haus roch es danach.

»Kommt, wir machen schon mal den Baum an!«, schlug Gregg vor. Und ohne abzuwarten, ob Grace und Gretha einverstanden waren, schaltete er die Lichterkette ein.

Im selben Augenblick, als das Licht erstrahlte, wurde auch Grace elektrisiert. Kerzengerade setzte sie sich auf. Ihre Augen starr auf ihren Weihnachtsbaum gerichtet.

»Mama!«, schrie sie.

Der Baum sah schrecklich aus!

Denn das helle Licht der Glühbirnchen brachte plötzlich alles zu Tage, was das lange Jahr in den Tannenzweigen hinterlassen hatte. Vor allem eine dicke Staubschicht! Sie raubte den Kugeln jeden Glanz, färbte den

Watteschnee grau und machte das Grün der Nadeln stumpf. Vom Licht aufgeschreckt, flatterten Motten und Nachtfalter empor. In der Spitze, direkt unter dem Stern, spannte sich ein Spinnennetz, in dessen Mitte seine fette Bewohnerin hockte. Und zu allem Übel war auch noch ein ausgetrockneter Krebswinzling an einem der Zweige hängen geblieben.

Graces verzweifelter Schrei hatte Mama herbeigerufen. Sie stand nun mitten im Wohnzimmer, die kräftigen, mehligen Hände in die Seiten gestemmt, und schnappte nach Luft.

Auch Gregg und Gretha schienen fassungslos.

Grace fing an zu weinen.

Da fand Mama ihre Sprache wieder.

»Also los!«, sagte sie und schob die Ärmel hoch. »Das kriegen wir schon hin. Lass nur den Kopf nicht hängen, Prinzessin, wer wird denn an Weihnachten weinen. Hol Besen, Handfeger, Eimer und ein paar Lappen! Noch ist nicht Mitternacht.«

Den Baum wieder auf Hochglanz zu bringen kostete sie alle mehr Mühe als das Schmücken im letzten Jahr. Den Schnee mussten sie ganz entfernen. Als sie endlich fertig waren, wurde es schon dunkel. Sie waren erschöpft, aber zufrieden.

Wie neu sieht er aus, dachte Grace. Mit einem glücklichen Seufzer lehnte sie sich im Sofa zurück.

Auch Mama seufzte. Und verschwand, nachdem sie dem Baum noch einen langen, rätselhaften Blick zugeworfen hatte, in der Küche.

Lukasevangelium
Es begab sich aber zu der Zeit

Es begab sich aber zu der Zeit, dass ein Gebot von dem Kaiser Augustus ausging, dass alle Welt geschätzt würde. Und diese Schätzung war die allererste und geschah zur Zeit, als Cyrenius Landpfleger in Syrien war.

Und jedermann ging, dass er sich schätzen ließe, ein jeglicher in seine Stadt.

Da machte sich auf auch Joseph aus Galiläa, aus der Stadt Nazareth, in das jüdische Land zur Stadt Davids, die da heißt Bethlehem, darum dass er von dem Hause und Geschlechte Davids war, auf dass er sich schätzen ließe mit Maria, seinem vertrauten Weibe, die war schwanger.

Und als sie daselbst waren, kam die Zeit, dass sie gebären sollte. Und sie gebar ihren ersten Sohn und wickelte ihn in Windeln und legte ihn in eine Krippe; denn sie hatten sonst keinen Raum in der Herberge.

Und es waren Hirten in derselben Gegend auf dem Felde bei den Hürden, die hüteten des Nachts ihre

Herde. Und siehe, des Herrn Engel trat zu ihnen und die Klarheit des Herrn leuchtete um sie; und sie fürchteten sich sehr.

Und der Engel sprach zu ihnen: »Fürchtet euch nicht! Siehe, ich verkündige euch große Freude, die allem Volk widerfahren wird; denn euch ist heute der Heiland geboren, welcher ist Christus, der Herr, in der Stadt Davids. Und das habt zum Zeichen: Ihr werdet finden das Kind in Windeln gewickelt und in einer Krippe liegen.«

Und alsbald war da bei dem Engel die Menge der himmlischen Heerscharen, die lobten Gott und sprachen: »Ehre sei Gott in der Höhe und Friede auf Erden und den Menschen ein Wohlgefallen.«

Und da die Engel von ihnen gen Himmel fuhren, sprachen die Hirten untereinander: »Lasst uns nun gehen nach Bethlehem und die Geschichte sehen, die da geschehen, die uns der Herr kundgetan hat.«

Und sie kamen eilend und fanden beide, Maria und Joseph, dazu das Kind in der Krippe liegen. Da sie es aber gesehen hatten, breiteten sie das Wort aus, welches zu ihnen von diesem Kinde gesagt war. Und alle, vor die es kam, wunderten sich der Rede, die ihnen die Hirten gesagt hatten. Maria aber behielt alle diese Worte und bewegte sie in ihrem Herzen.

Und die Hirten kehrten wieder um, priesen und lobten

Gott um alles, was sie gehört und gesehen hatten, wie denn zu ihnen gesagt war.

Und da acht Tage um waren und man das Kind beschneiden musste, da ward sein Name genannt Jesus, wie er genannt war von dem Engel, ehe denn er im Mutterleibe empfangen ward.

Henning Pawel
Heiligabend im Himmel

Weihnachten, liebe Freunde, ist nicht nur bei uns auf Erden der absolute Höhepunkt des Jahres. Auch im Himmel wird das wunderbare Fest gefeiert. Jeder Engel, jeder Heilige, sogar der Herrgott selbst verspürt am Jahresende, um den ersten Advent herum, wie es plötzlich wieder da ist, dieses herrliche Weihnachtsgefühl, das wir hier auf Erden auch so lieben. Je mehr das Fest heranrückt, umso größer wird die Freude. Der köstliche Duft nach Stollen und anderem Weihnachtsgebäck schwebt über den Straßen und Plätzen des weiten Himmels. Das große Rätselraten über die Geschenke beschäftigt die kleinen Engel im Himmel ebenso wie ihre guten Freunde, die Kinder auf der Erde. Weihnachten ist dort wie hier ein grenzenlos schönes Fest.
Doch etwas ist kurios im Himmel. Das fiel dem frischgebackenen Engel Friederickchen sofort auf. Sie war erst eben, am Beginn der Weihnachtszeit, im Himmel angekommen. Das kleine Julchen, das an diesem Tag Begrüßungsengel war, empfing Friedericke auf das

Herzlichste mit einem großen Himmelschlüsselstrauß. Die blühen oben auch im Winter. Dann wird Friedericke durch das weite Himmelreich geführt. Und wie staunt sie bald schon über so viel Wunder und die Herrlichkeit des weihnachtlichen Himmels. Auf tausend Weihnachtsbäumen liegt wie zarter Schleier goldnes Engelshaar, Kerzen leuchten hell wie Sterne, Glocken läuten, Engel gleiten über Schlittschuhbahnen oder spielen mit Knecht Ruprecht Eishockey. Auch der Weihnachtsmarkt hat schon geöffnet. Er lockt mit Marionetten und mit Zuckerwatte, mit Lotterien und Glühweinbuden, mit Karussells voll kleiner Passagiere. An allen Ecken stehen Leierkastenengel, die voll Inbrunst Weihnachtslieder spielen. Doch trotz all der Wunder und der Herrlichkeit des Himmels, Friederickchen sieht sich dauernd suchend um. »Gibt's hier oben keine Tiere?«, fragt sie schließlich Engel Julchen. »Ich habe noch nicht einen Spatz gesehen. Weder Schwein noch Huhn, keine Katze oder Ziege, nicht einen Hund, nicht mal 'ne Kuh.«

»Das hat mich bei meiner Ankunft damals auch gewundert«, erklärt die kleine Julia verlegen. »Doch es wurde mir gesagt – im Himmel gibt es bessere Sachen.«

»Was gibt es Besseres als Tiere?«, fragt Friedericke fassungslos.

»Maria gibt es und den Joseph«, erklärt ihr Julia melancholisch, »die Hirten auf dem Felde gibt es auch. Die kannst du jeden Tag zum Weihnachtsmarkt spazieren sehen.«

»Ohne Herden oder mit?«, fragt Friedericke aufmerksam. Die kleine Julia aber sagt verlegen: »Ohne. Dafür aber mit den Heiligen Drei Königen, Kaspar, Balthasar und Melchior.«

»Gehen die hier oben auch spazieren?«, fragt Friederickchen interessiert.

»Die kommen auf dem Fahrrad angeradelt. Mountainbikes, versteht sich«, vertraut Julchen Friedericke an. »Die weite Strecke aus dem Morgenland schaffen sie schon lang nicht mehr zu Fuß. Sie haben bitterböse Hühneraugen.«

»Leider ohne Hühner«, sagt Friedericke vorwurfsvoll.

»Ohne Tiere hat man hier die absolute Himmelsruhe«, fährt die kleine Julia seufzend fort. »Du hörst nicht Eselsschrei, noch hörst du Ziegenmeckern. Kein Hahn kräht dich am frühen Morgen aus dem Bett. Es piepsen keine Mäuse in den Kirchen und keine Taube setzt dir Kleckse auf den Kopf.«

»Eine Himmelsruhe ohne Tiere.« Friedericke will das gar nicht in den Kopf.

»Das ist halt so hier oben, Friedericke«, sagt Engel Julchen, nun schon unter Tränen. »Man darf im Himmel nicht alles wie auf Erden machen. Ein bisschen muss auch anders sein.«

»Dann«, Friedericke dreht sich entschlossen um, »geh ich lieber wieder runter. Besser Erdenstress mit Hundehaufen als Himmelsruhe, in der nicht eine einzige Biene summt.«

Begrüßungsengel Julia ringt die Hände: »Wieder auf die Erde? Hast du einen Vogel, Friedericke?«

»Hier oben habe ich eben leider keinen«, erwidert Friedericke zornig. »Nicht mal einen glasgeblasenen für den Weihnachtsbaum. Kein geschnitztes Lämmchen aus dem Erzgebirge. Die herzergreifend schönen Weihnachtspyramiden mit den Eseln, Ziegen und den Schafen fehlen hier im Himmel auch. Wer soll denn so was nur verstehen?«

Die kleine Julia schlägt bekümmert ihre Flügel nieder. »Da gibt's nichts zu verstehen, Friederickchen. Das ist nun mal im Himmel so.«

»So hab ich mir das Fest hier oben ganz bestimmt nicht vorgestellt.« Friedericke schluchzt enttäuscht. »Weder auf den Weihnachtsbäumen Tiere noch darunter.«

Das arme Julchen weint nun auch, denn Friedericke, eben erst im Himmel angelangt, hat bereits herausgefunden, dass es neben all den Freuden für die kleinen

Engel auch einen großen Kummer für sie gibt. Und davon will ich euch in dieser Weihnachtsgeschichte erzählen.

Schon seit langer Zeit dürfen keine Tiere mehr im inneren Himmel leben. Nur noch im äußeren, wo auch die himmlische Landwirtschaft angesiedelt ist.
Die Gründe für das Verbot: die empfindlichen, an Rosen- und Veilchenduft gewöhnten Nasen der meisten Engel und die allgemeine Furcht vor Flöhen. Ein weiterer Grund: die Sorge der Heiligen, während des Unterrichts gestört zu werden. Sie sind alle als Lehrer der kleinen Engel tätig und mussten immer wieder erleben, dass lautes Eselsgeschrei oder fideles Schweinegrunzen die geflügelte Schülerschaft mehr begeisterte als die schönste Heiligenlegende. Sogar die Schule wurde geschwänzt, nur um eine gerade Mutter gewordene Schneegans zu besuchen oder den durchreisenden, Trommel schlagenden Zirkusziegenbock zu besichtigen. Gott selbst aber vermisst die Tiere im inneren Himmel sehr. Ihn hat solch Iah! oder Röfröf! nie auch nur im Geringsten gestört. Er ist ein großer Tierfreund, läuft bei jeder sich nur bietenden Gelegenheit in den Tierhimmel und gerät dort schon beim Anblick eines Haushuhns oder Foxterriers vor Freude völlig aus dem Häuschen.

Neben Gott gibt es noch einen absoluten Tierfreund im Himmel. Das Engelchen Moische Birnbaum. Der Ewige und Moische haben sich auf einer Rassehunde-Ausstellung kennengelernt. Der Himmelschef, vom Anblick der zahllosen Foxterrier, Spitze und Schäferhunde total begeistert, sagte plötzlich mit Blick auf eine Gruppe wichtig mit den Fittichen schlagender Engel vom Ordnungsamt leise vor sich hin: »Ich sollte mein Leben lieber mit Möpsen verbringen als immer nur unter Geflügel.«

Moische Birnbaum, der zufällig neben Gott stand, hatte dessen Seufzer gehört und ernsthaft erwidert: »Ich auch, Ewiger. Obwohl mir Rauhaardackel eigentlich mehr zusagen.«

»Auch eine feine Gilde«, hatte Gott zugegeben, »von einmaliger Figur und erlesener Persönlichkeit. Aber nimm es mir nicht übel, Moische, nichts geht über Möpse. In ihrem edlen Charakter sind sie unerreichbar. Hätte ich noch einmal die Wahl, nicht das Federvolk würde zu Engeln erhoben, sondern die Möpse.«

»Versteh ich gut«, sagte Moische, »sicher hast du mindestens vier Stück davon zu Hause und kennst sie ganz genau.«

»Nicht einen einzigen«, gab Gott bekümmert zu. »Die Heiligen und Herta, meine Haushälterin, erlauben es nicht.«

»Und eine andere Rasse darf es auch nicht sein?«, fragte Moische Birnbaum voll Verwunderung. »Vielleicht sind's nur Möpse, die sie nicht so passend finden für den Herrn der Welten.«

»Für mich«, sprach jetzt der Herrgott unnachgiebig, »steht der Mops an allererster Stelle. Ein Hund, vor dem selbst ich in Andacht auf die Knie sinke.«

»Ein bisschen musst du auch die Heiligen verstehen«, versucht Moische liebevoll den Herrn des Himmels umzustimmen. »Vor Gott knien selbst die Löwen nieder, er aber kniet vor einem Mops.«

Statt einer Antwort nimmt der Herrgott Moische an der Hand und zieht ihn eilig durch die große Halle, in der von all dem fröhlichen Gebell die Balken wackeln und die Fensterscheiben klirren. Der Herrgott führt den kleinen Engel aufgeregt zu einem großen Hundekorb, in dem es von kleinen Möpsen nur so wimmelt.

»Himmlisch, nicht wahr, Moische?«, flüstert Gott nun heiser vor Entzücken und Moische Birnbaum gibt dem Schöpfer sofort Recht.

»Der helle Wahnsinn, Ewiger.«

Der Herrgott beugt sich jetzt, ein wenig ächzend, zu dem Hundekorb hinunter. Er streicht der Möpsemutter liebevoll den Kopf. Dann nimmt er eines ihrer Kinder auf den Arm. »Sieh doch nur, die Augen, Moische. Tiefer als das tiefste Meer, freundlich wie das Paradies und voller Staunen über alle Wunder meiner Welt.« Gott gibt dem Hündchen einen Kuss, seufzt entsagungsvoll und setzt es sanft zur aufgeregten Mopsmama zurück. »Für dieses wundervolle Tierchen würde ich gerne auf ein bisschen Herrlichkeit verzichten. Doch gibt's in diesem Himmel Dinge, lieber Moische, die sich nicht einmal dein Herrgott leisten kann.«

Zum Abschied küsst der Ewige nun auch den kleinen Moische und macht sich eilig auf den Heimweg.

»Warum so eilig, lieber Herrgott?«, ruft ihm Moische hinterher. »Wir waren doch noch gar nicht bei den Boxern und die Drahthaardackel warten auch. Die nächste große Hundeschau ist schließlich erst im Frühjahr.«

»Termine, Moische, leider unaufschiebbare Termine«, erklärt der Himmelschef bedauernd. »Die große Krisensitzung wegen unbezahlter Kirchensteuern und der Papst hat auch schon zweimal angerufen.«

Von Stund an waren Moische und der Ewige gute Freunde, auch wenn sie sich aus Zeitgründen viel zu selten sehen. Moische Birnbaum besucht den Himmelschef nur, wenn der ihn rufen lässt. Dann aber jagt der Kleine los wie der Blitz. Zum Haus des Herrn, hinein in den Hausflur, die Treppe hinauf, und da hört er auch schon die Stimme Gottes: »Moische, ich sitze in der Küche.«

Die beiden haben stets dasselbe Thema. Alles, was da kreucht und fleucht. »Die Rassekaninchenschau hättest du dir nicht entgehen lassen dürfen, Ewiger. Ein belgischer Riesenrammler von mindestens 19 Kilo. Der Tisch hat unter seinem Gewicht geknirscht wie einst der Eisberg unter der Titanic.«

Und Gott erzählt Moische von zwei Katzen, einer eleganten Perserin und einem gestromten Straßenkater, die schon vor vielen Wochen unbefugt aus dem Tierhimmel davongelaufen und im Haus gegenüber eingezogen sind. »Ein Katzenpaar, so herrlich anzusehen wie ein Traum.« Der Ewige gerät ins Schwärmen. »Und ihre sieben Jungen, lieber Moische, ein Fest in Rot, in Schwarz und Tigerfarben. Trotz aller List der Hygiene-Engel ist es bis heute nicht gelungen, die Katzen zu erwischen und aus dem inneren Himmel hinauszuwerfen. Und weißt du auch, warum, Moische?«

Der kleine Engel weiß es freilich. »Weil der beste Nachbar, den es geben kann, für die Miezen Schmiere steht und auf den Fingern pfeift, wenn es gefährlich für sie wird«, sagt Moische vergnügt und der Ewige schmunzelt seinerseits. Dann aber steckt der Herrgott zwei Finger in den Mund und zeigt Moische Birnbaum, wie man pfeifen muss, um ein verliebtes Katzenpaar und deren Kinder vor dem Ordnungsamt zu warnen.

Heute, zwei Tage vor dem ersten Advent, hat Gott ungewöhnlich dringend nach Moische Birnbaum verlangt. Wie der Wind kommt der Kleine angestürmt. Der Ewige wartet schon ungeduldig und ruft ihm aufgeregt entgegen: »Ein Glück, dass du kommst, Moische. Ich stecke furchtbar in der Klemme.«

»Was ist passiert?« Moische wagt aus guten Gründen nur zu flüstern und wirft einen Blick zur Tür.

»Du kannst laut reden, niemand belauscht uns gegenwärtig«, beruhigt ihn der Himmelschef. »Herta, meine Haushälterin, ist gerade beim Friseur. Sie lässt sich mal wieder das Gefieder färben. Aber bis sie zurück ist, müssen wir unbedingt eine Lösung gefunden haben.«

Mit diesen Worten verlässt Gott die Küche und geht hinüber in sein Arbeitszimmer, aus dem alsbald merkwürdige Laute und Worte dringen. »Hächz, is' aber wahr«, hört der staunende Moische, dann noch einmal und nun schon wieder. Als Moische diesen merkwürdigen Satz und jenes heisere »Hächz, is' aber wahr« zum vierten Mal hört, ruft er: »Ich glaube dir doch, dass es wahr ist, Ewiger, warum gibst du dir denn solche Mühe, mich zu überzeugen?«

»Sie gibt sich die Mühe«, sagt Gott jetzt feierlich und tritt gemessenen Schrittes aus dem Arbeitszimmer heraus. Moische Birnbaum aber bleibt der Mund vor Staunen offen stehen, denn der Ewige hat auf seiner Hand einen großen Vogel sitzen. Das Tier reißt schon wieder den Schnabel auf und beginnt laut zu schreien: »Is' aber wahr. Hächz.«

»Himmlisch, nicht wahr, Moische?«, sagt der Himmelsherr gerührt und der kleine Engel erwidert: »Echt ätzend, diese Krähe, Ewiger. Wo hast du sie nur aufgetrieben?«

»Eine Dohle«, klärt Gott den kleinen Engel auf. »Heute Morgen ist sie mir zugeflogen. Beim Rasieren. Ich blickte gerade in den Spiegel und sagte zu mir: ›Mein lieber Herrgott, du siehst mal wieder ganz schön alt aus‹, da höre ich doch hinter mir im offenen Fenster diese bemerkenswerte Stimme: ›Is' aber wahr.‹ Seitdem frage ich mich immerzu, was mach ich jetzt mit ihr?«

»Behalte sie«, sagt Moische. »Du bist hier der Boss.«

»Das kann ich nicht«, seufzt Gott. »Es gibt Vorschriften und leider auch Flöhe. Charlie Chaplin wurde neulich derart von ihnen heimgesucht, dass er direkt vor meinem Thron die Hosen fallen ließ, um sich zu kratzen. Dabei kam es dann ans Licht. Er hatte heimlich einen Pudel in den inneren Himmel eingeschmuggelt. Und das ist streng verboten. Leider auch für mich.«

»Auch für dich?«, fragt der kleine Engel fassungslos. »Wozu ist dann einer überhaupt Gott, wenn er sich noch nicht einmal 'ne Dohle ins Haus nehmen darf? Noch dazu in der Weihnachtszeit.«

»Frag mich was Leichteres, lieber Moische«, bittet der Ewige seinen Freund, und Moische Birnbaum fragt den Herrn: »Und was wird aus deinem Wunsch, lieber Möpse statt Geflügel? Sie hier gehört schließlich auch zum lieben Federvieh.«

»Dohlen, lieber Moische«, sagt der Herr jetzt mit ganz feinsinnigem Gesichtsausdruck, »sind die Möpse unter den Vögeln. Das gleiche gütige Herz, der hohe Verstand, dieselbe Bescheidenheit. Und schau dir bitte ihr Gefieder an, schwarz wie die Nacht, meine absolute

Lieblingsfarbe, dazu ihre sprichwörtliche Sauberkeit. Ein prachtvolles und außergewöhnliches Tier. Was für ein Leben wäre es, sie an meiner Seite oder, besser noch, auf meiner Schulter zu haben. Aber ich werde wieder einmal entsagen müssen. Es gäbe einen entsetzlichen Skandal, wenn sie hierbliebe. Gott hat einen Vogel, würde man sagen und die Heiligen bekämen reihenweise Schlaganfälle.«

In diesem Augenblick sind aus dem Treppenhaus Schritte zu hören.

»Um Gottes willen, Herta kommt zurück«, sagt der Ewige erschrocken. »Wohin bloß mit der Dohle?«

»Gib sie her, schnell«, drängt Moische. »Mein Kittel wurde aus Kostengründen mal wieder zwei Nummern zu groß angefertigt, damit ich ihn auch noch im übernächsten Jahr tragen kann, da passt bequem ein ganzer Truthahn drunter, erst recht diese Dohle.«

»Bekommt sie auch genügend Luft?«, fragt der Himmelschef besorgt.

Doch Moische kann nicht mehr antworten, nur noch hastig den Vogel verbergen, denn Herta betritt die Küche.

»Hier riecht es aber merkwürdig«, ruft Gottes Haushälterin misstrauisch und streckt den beiden ihre Nase entgegen. Gleich darauf läuft sie zum Herd und schnüffelt in die Röhre. Dann schnuppert sie mit aufgerissenen Augen in des Herren Speisekammer und schraubt schließlich noch den Siphon aus der Spüle.

Jetzt fängt auch Moische Birnbaum an zu schnuppern. Er fällt voll Eifer auf die Knie und beriecht den Küchenboden. Dann öffnet er die Tür von Gottes altem Tiefkühlschrank und kontrolliert im Anschluss voller Eifer den Müllsack und den Schuhputzkasten. »Dir, liebste Tante Herta, hat sicher deine Nase einen Streich gespielt. Ich rieche nicht die Bohne hier.«

»Dann putz dir mal die Nase, Moische Birnbaum«, erwidert Herta schwer beleidigt. »Dann wirst du auch bestimmt was riechen. Es stinkt in Gottes Küche wie in einem Hühnerstall.«

»Vielleicht sind's deine neu frisierten Haare, die so eigenartig riechen«, sagt der Herr in seiner Güte und will den Kopf des Küchenwunders zärtlich an sich ziehen.

»Nicht berühren, großer Gott«, ruft Herta flehentlich und wirft das hochfrisierte Haupt zur Seite. »Was glaubst du, wie viel heutzutage eine kalte Welle kostet.«

»Is' aber wahr«, ruft im selben Augenblick die Dohle unter Moisches Kittel. »Hächz.«

»Natürlich ist es wahr«, erwidert Herta und sieht Moische Birnbaum strafend an. »Warum machst du eigentlich ›Hächz‹ und verstellst die Stimme?«

»Ich spreche immer so«, sagt Moische Birnbaum hastig. Doch da ruft die Dohle schon wieder »Hächz«, zum Glück aber nicht ihren sonstigen Kommentar.
»Machst du dich lustig über mich?«, fragt Herta beleidigt. »Du kannst auch eine Ohrfeige bekommen.«
»Nein«, Gott hebt beschwichtigend die Hände, »nicht immer gleich schlagen. Hier darf jeder, so lange und so

oft er will, zum Friseur gehen, ein wenig ›Hächz‹ machen darf man dann aber auch.«
»Is' aber wahr«, krächzt die Dohle unter Moisches Kittel.
Herta wird ganz blass vor Ärger und eilt türschlagend hinaus.
»Gib die Dohle wieder her«, flüstert der Ewige seinem Freund zu. »Das Tier begeistert mich immer mehr. Zum ersten Mal seit dreihundert Jahren hatte Herta nicht das letzte Wort. Der Vogel wird in meinem Schreibtisch wohnen. Herta hat strengstes Verbot, darin herumzustöbern. Wegen all der Personalakten und Wertpapiere. Licht und Luft kommen genügend durch die Schnitzereien. Und wie ich meine Dohle kenne, wird sie sich gern hier niederlassen. Sie hat schon kümmerlicher überwintert. Mach's erst mal gut, mein lieber Freund. Wir sehen uns in zwei Tagen wieder, zum ersten Advent, und besprechen alles Weitere.«

Am nächsten Morgen, nach dem Neun-Uhr-Gottesdienst, hat sich das Küchenwunder Herta auf den Weg gemacht. Sie eilt in die Himmelsbäckerei. Dort will sie endlich ihre sternenweit berühmten Weihnachtsplätzchen backen. Das spricht sich wie der Wind herum und bald schon flattern große Mengen kleiner Engel mitten unter Puderzuckerwolken. Sie klettern über Butterberge, setzen sich in Eierkisten und purzeln in den Schokoguss. Friedericke, Moische Birnbaum, Fatima, Jeanettchen und wie die vielen kleinen Geister sonst noch heißen, ähneln bald schon den Indianern. »Advent, Advent, das Lichtlein brennt«, rufen alle fröhlich durcheinander und atmen tief den köstlichen Geruch der Bäckerei.

Nur zu Herta will die echte Weihnachtsfreude gar nicht kommen. Sie ist heute überhaupt nicht bei der Sache und bringt unentwegt die Köstlichkeiten durcheinander. Statt Mohn streut Herta schwarzen Pfeffer auf den Kuchen, statt Kokosflocken für die himmlischen Makronen nimmt sie jetzt sogar Stearin. Selbst in ihren weltberühmten Honigkuchen füllt sie heute scharfen Senf.

Natürlich sind die Engel sehr besorgt und fragen: »Hast du schlecht geschlafen, Tante Herta?«

Herta aber schweigt. Sie ist noch immer überhaupt nicht bei der Sache. Jetzt mischt sie auch noch saure Gurken statt Rosinen in den Stollenteig.

Da wird's dem Bäckerengel Gustav doch zu bunt. Er nimmt Herta Zitronat und Eier aus den Fingern. Dann setzt er sie auf einen Küchenstuhl und fragt: »Liebste Freundin, bist du krank?«

Herta aber will nicht reden. Statt einer Antwort kommt aus ihrem Mund ein lautes »Hächz«.

»Was heißt hier ›Hächz‹?«, fragt Gustav verwundert.

Herta aber sagt schon wieder »Hächz«, doch nicht ein einziges weiteres Wort.

»Sie meint sicher ›Ächz‹«, vermutet jetzt der kleine Robertino. »So, wie's immer in den Comics stand. Wer eine auf die Nuss bekam, vom wilden Schwein gebissen wurde oder in den Abgrund stürzte, machte vorher schnell noch ›Ächz‹.«

»Hast du geächzt, weil dich der Herr verprügelt oder hingeschubst hat?«, fragt voller Neugier Engel Friedericke. »Das hätt ich nie von ihm gedacht. Er sieht so herrlich aus, so liebevoll und mild. Ist er etwa ein Randalebruder, dem die Hände und die Füße immer jucken?«

»Es stimmt, dass Gottes Füße häufig jucken«, erklärt nun Moische Birnbaum kundig. »Doch gewiss nicht, weil er Herta gern mal einen Tritt verpasste. Gottes Füße jucken von den dicken, selbst gestrickten Socken, die er immer tragen muss, weil die Kirchenheizung niemals richtig funktioniert.«

»Aber warum hächzt die arme Herta dann?«, fragt die kleine Julia und wackelt voller Mitleid mit den Flügeln.

»Es ist Gottes neuer Weihnachtsgruß«, erklärt gelassen Moische Birnbaum. »Er hächzt zum Weihnachtsfeste allen höflich zu. Ich hab erst gestern mit dem Herrn aus Herzenslust gehächzt. In seinem Haus hört man ›Hächz‹ schon täglich an die dreißig oder vierzig Mal.

Damit sich jeder dran gewöhnt. Auch Herta hat nichts anderes getan, als uns alle mit dem neuen Weihnachtsgruße zu erfreuen.«

»Erfreulich klang das aber nicht«, sagt verdutzt der Bäckerengel Gustav. »Es klang eher wie ... ich möchte Herta wirklich nicht zu nahe treten – wie ein Krähenschrei. Was sagst denn du zu allem, liebe Herta?«

Doch Herta sagt zu allem nach wie vor kein Wort. Auch nicht mehr »Hächz«. Sie beginnt energisch und nun endlich nach den richtigen Rezepten mit der Plätzchenbäckerei. Zuerst wird eine volle Tonne Teig gerührt und mit all den himmlischen Spezereien angereichert. Dann kommt das stundenlange, schwere Kneten, der Wurf des Teiges bis hinauf zur Decke. Nun wird alles mit dem runden Holz gerollt. Und als größter Höhepunkt des großen Weihnachtsplätzchenbackens findet am Ende dann das Förmchenstechen statt. Das dürfen, wie in jedem Jahr, die kleinen Engel übernehmen. Freilich immer unter Gustavs strenger Aufsicht. Herta aber muss schon wieder weiter. Sie hat im Haus des Herrn noch viel zu tun. Saubermachen, Fensterputzen, Teppichklopfen, Hosenbügeln. Doch vorher legt sie Gustav noch einmal ans Herz, dass nur Sterne, Tannen, Herzen, Glocken, Weihnachtsmänner oder andere himmlische Symbole als Gebäck erscheinen dürfen. Auf keinen Fall das Abbild irgendeines Tieres.

»Um Himmels willen, liebe Herta.« Der Bäckerengel greift sich an den Kopf. »Ein Pfefferkuchenpferd, ein Spekulatiusschaf, ein Schweinchen aus Krokant, das kann ich doch der kleinen Bande nicht verbieten.«

»Das musst du aber, bester Gustav.« Herta ist mal wieder unerbittlich. »Es gibt Gesetze hier im Himmel. Und die verbieten auch zur Weihnachtszeit im inneren Himmel jedes Tier. Ob als Plätzchen oder Schmuck an Weihnachtsbäumen, ist mir ganz egal.«

»Frohes Fest«, ruft jetzt der Bäckerengel und klopft nervös den Puderzucker von der Hose.

Herta aber geht und Gustav grüßt zum Abschied höflich »Hächz«.

Dann beginnt das Förmchenstechen und alle kleinen Engel gehen mit Feuereifer an das süße Werk. Wer auf Erden früher mal ein Tier besaß, lässt es nun wieder neu erstehen. Und schon wachsen Hunde, Katzen, Pferde, Vögel, sogar Igel aus dem Plätzchenteig. Zierfisch Friedrich, Wellensittich Oskar, Schwein Amanda und die Ziege Selma, alle sind sie wohlgeraten.

»So sah mein lieber Hasso wirklich aus«, ruft voll Freude Robertino und Jeanettchen zeigt den Freunden ihren fetten Kater Pavarotti, wie er damals auf der Erde majestätisch sich bewegte. Die kleinen Engel sind begeistert und klatschen sich voll Stolz Applaus. Doch bald schon schlägt der Augenblick der Wahrheit. Denn ihre Meisterwerke dürfen keine Plätzchen werden. Bäckerengel Gustav zerknetet alle wieder rasch zu Teig. Da strömen nun die heißen Engelstränen. Am liebsten heulte Gustav selber mit.

Wieder ist es Moische Birnbaum, der aus dem Schlamassel einen Ausweg weiß. »Schreibt doch einfach die Namen eurer Tiere in den Teig. Daraus machen wir dann Weihnachtsplätzchen. ›*Zwergspitz Hasso*‹, ›*Schwein Amanda*‹, ›*Ziege Selma*‹, ›*Stute Lotte*‹, ›*Esel Gottfried*‹, ›*Kater Pavarotti*‹. Wenn man sie nicht sehen darf, so kann man doch zur Weihnachtszeit auf den Plätzchen ihre Namen lesen.«

Gesagt – getan. Mit Feuereifer gehen die kleinen Engel an die Arbeit. Bald schon schiebt der gute Gustav große Bleche mit den Namensplätzchen in den Ofen und die Engelstränen sind versiegt.

»Und welchen Namen schreibst du, lieber Moische?«, will Engelchen Jeanette jetzt wissen.

»Ich schreibe ›*Hächz*‹«, erklärt ihr Moische freundlich. »Und dazu schaffe ich das passende Symbol. Drei schräge Striche, die am Anfang noch zusammen sind, doch vorne auseinanderlaufen.«

Die erste große Feier der Weihnachtszeit, ein gemütliches Beisammensein im Hause des Herrn, hat begonnen. Der Ewige sitzt neben Moische Birnbaum und singt aus vollem Hals die Weihnachtslieder mit. Auf der Empore spielt das Orchester Himmelreich. Alle Ordnungsengel und die Heiligen schlagen taktvoll mit den Flügeln. Und es stört auch keinen, dass von oben »Oh, du fröhliche …« im Sound der Comedian Harmonists ertönt. Gott selbst ist sehr unmusikalisch und liegt auch an diesem Abend weit neben der Melodie. Das aber tut der Stimmung keinen Abbruch, im Gegenteil. Besonders die kleinen Engel warten schon und hüpfen immer vor Vergnügen fast bis zur Decke, wenn so eine Stelle kommt, an der der Himmelschef danebensingt. Nur der Chef der Himmelsmusikanten, ein wunderschöner Engel namens Elvis, schlägt voll Schmerz die Hände an die Ohren. »Wie viele Jahre bin ich schon im Himmel und noch immer singt der liebe Gott daneben.«

Dann wird der Stollen angeschnitten und Kakao aufgegossen. Gott aber trinkt ein Pilsener Urquell. Aus gesundheitlichen Gründen, wie er Moische versichert.

Jetzt werden auch die Weihnachtsplätzchen mit den Namen all der Tiere aufgetragen. Und der Kaffeetisch im Himmel ähnelt bald schon einem Maulwurfshügel. Denn alle kleinen Engel wühlen heftig in der Plätzchenschale. Jeder will der Erste sein, der dem Herrn sein unvergessenes, heiß geliebtes Haustier präsentiert. Und unser guter Herrgott, um die kleine Bande zu erfreuen, beißt hier in einen Hasso, dort in einen Hansi.

Er nagt sogar am Plätzchenrand von Adelheid, der Himmelsziege. »Was für eine glänzende Idee«, lobt Gott jetzt all die kleinen Bäcker. »Es war mir trotz der köstlichen Genüsse in all den früheren Jahren gar nicht recht, den Schäfchen, Hunden, Katzen, Vögeln, auch wenn sie nur als Plätzchen in der Schale lagen, Ohren, Schwänze oder Beine abzubeißen. Die Sache mit den Namen aber finde ich genial.« Jetzt sieht der Ewige, dem nichts entgeht, dass das Engelchen Marie mit Tränen in den Augen hastig etwas Rabenschwarzes hinter ihren Rücken halten will. Doch der Herrgott nimmt ihr sanft das Plätzchen aus der Hand und beißt vor aller Augen fest hinein. »War's ein schwarzer Spitz, dein Oskar, oder gar ein schwarzer Cockerspaniel?«

»Ein schwarzer Hamster war es, Ewiger«, sagt Marie und strahlt nun wieder voller Freude.

Und der Herrgott lächelt auch.

Nur Moische Birnbaum sagt zu seinem Kumpel, dem Engel Robertino: »Ich hatte Hamster Oskar golden in Erinnerung.«

Jetzt nimmt der Herrgott aus den Händen von Jeanettchen noch ein dickes Plätzchenstück entgegen. Er betrachtet es verwundert einen Augenblick, beißt hinein und lacht dann sehr vergnügt.

»Worüber lachst du, Ewiger?«, fragt Jeanette gespannt den Herrn.

»Ich hätte nie vermutet, dass ein gewisser fetter Pavarotti auch so köstlich schmeckt.«

Nun lachen auch die anderen kleinen Engel und fangen selber an die Weihnachtsplätzchen zu verputzen. Und weise spricht der Herr dazu: »Bisher waren all die lieben Tiere, Hunde, Katzen, Vögel, Ziegen, nur in eurem Herzen noch vorhanden. Jetzt sind sie bereits in euren Rippen und eines schönen Tages werden vielleicht daraus … wer weiß, wer weiß?« An dieser Stelle aber bricht der Herrgott hastig ab und wirft einen scheuen Blick auf Herta und die Heiligen.

Während all des Plätzchenfutterns und der vielen anderen Genüsse beginnt die ganze kleine Gesellschaft nun von den Weihnachtsgeschenken zu reden und jeder rätselt, was wohl in diesem Jahr für ihn unter dem Baum liegen wird.

Moisches Freund, der kleine Engel Robertino, hätte schrecklich gern mal eine Badehose. Dreiviertellang bis zu den Knien. »Doch leider«, sagt er kummervoll zu Moische, »du wirst sehen, es wird bestimmt mal wieder nichts.«

»Und du wirst sehen«, Moische Birnbaum legt den Arm um Robertino, »manchmal geschehen selbst im Himmel Wunder.«

»Doch niemals wegen einer Badehose.« Robertino äugt bekümmert zu den Heiligen hinüber. »Wir werden wei-

ter so, wie uns der Herr geschaffen hat, ins kalte Wasser hüpfen. Und das wird mir langsam echt peinlich.«
Noch viele andere Weihnachtswünsche hat Moische Birnbaum schon so oft gehört. Endlich mal Designerjeans statt immer nur die weißen Leinenkittel und einmal auch die echten, dicken Boots von Camel statt ewig nur Sandalen.
»Ich wär so gerne mal im großen Himmelskrippenspiel der Stern von Bethlehem«, flüstert Engelchen Anna-Luise ihrer Freundin Arabella zu. »Es muss doch herrlich sein, oben an der Decke über unserem Herrn zu baumeln und unter sich die ganze weihnachtliche Festgemeinde.«
Selbst Herta träumt wieder ihren alten Weihnachtstraum. Der freilich wird sich nie erfüllen. Eine Waschmaschine mit 31 Gängen, in der sie auch des Herrn Hosen … Doch schon der Traum davon ist Sünde. Die heiligsten Gewänder geweicht, gerumpelt und geschleudert? Herta faltet eilig die vom Waschen rauen Hände und bittet leise um Vergebung.
»Und was wünschst du dir, Ewiger?«, fragt plötzlich das kleine, dicke Engelchen Margarethe treuherzig den Herrn.
Da lächelt Gott ein wenig traurig und sieht verlegen zu Herta und den Heiligen hinüber, die aufmerksam seine Antwort erwarten. Deshalb bleibt er stumm.

An seiner Stelle meldet sich Moische Birnbaum jetzt zu Wort: »Gott wünscht sich zu Weihnachten einen Vogel.«

Klatsch!, hat der kleine Engel eine sitzen und dann noch eine. »Schämst du dich denn gar nicht?«, fragt Gottes Haushälterin streng. »So über den Herrn des Himmels zu reden. Haben dich die Heiligen etwa nicht gelehrt und hast du nicht schon oft genug zum Weihnachtsfest erlebt, dass der Ewige alljährlich das herrlichste Geschenk erhält, das man sich überhaupt nur wünschen kann?«

»Ein Kind.« Moische reibt sich gelassen die Wange. »Hat meine Mutter auch bekommen, alle Jahre wieder. Aber nicht, wie der Ewige, ständig einen Jungen. Sie bekam auch immer mal ein Mädchen.«

Nun will Herta Moische erneut ans Leder, doch er hat sich rasch in Sicherheit gebracht und ruft aus gebührender Entfernung: »Wie würdest du denn aus der Wäsche gucken, wenn für dich jedes Jahr nur ein Junge unter dem Christbaum läge?«

»Du bist wirklich ein echter Freund«, flüstert der Himmelschef Moische beim Abschied zu. »Haben die Ohrfeigen sehr geschmerzt?«

Moische beruhigt ihn: »Nicht die Bohne. Herta hat mich nur mit dem Vorderflügel erwischt.«

»Mich mal wieder beim Hächzen und Krächzen«, erzählt Gott sorgenvoll. »Sie ist dazugekommen, als die Dohle, glücklicherweise noch aus dem Schreibtisch heraus, ihr großartiges Zitat in den Himmel hinaushächzte.«

»Und wie hat Herta reagiert?«, fragt Moische ebenfalls voll Sorge.

»Sie hat vor Schrecken erst mal selbst gehächzt. Doch dann hat sie mir was zugerufen.«

»Was denn?«, fragt Moische gespannt.

»›Fehlt dir was, Ewiger?‹«

»Und wie hast du es hingebogen?« Moische ist fast schon atemlos vor Spannung.

»›Darf man jetzt in seinem Hause noch nicht einmal mehr »Is' aber wahr« sagen‹, habe ich zurückgefragt. ›Man darf‹, hat Herta eiskalt erwidert, ›aber ein Arzt sollte sie sich doch mal ansehen.‹«

»Wen denn, Ewiger?«, will Moische Birnbaum wissen.

»Meine Nasennebenhöhlen«, stöhnt der Herr. »Sie sind neben meinen Ohren der allerschwächste Punkt an mir und geben im Erkältungsfalle die geheimnisvollsten Laute von sich. Nun ist er unterwegs und wird über mich kommen.«

»Wer ist unterwegs?«, fragt Moische erschrocken.

»Der Wasserdoktor Kneipp.« Gott zieht fröstelnd die Schultern hoch. »Kalte Güsse sind das Mindeste, was

mich erwartet. Und eine Karotten-Rohkost-Diät. Ausgerechnet in der Weihnachtszeit.«
»Du hast es wirklich schwer«, sagt Moische mitfühlend und streichelt unter dem Tisch die Hand des Herrn. »Aber ich verspreche dir, dein Weihnachtsgeschenk in diesem Jahr wird nicht nur in der Krippe liegen und die Windeln befeuchten. Es soll auch fliegen und nach Herzenslust ›Hächz‹ machen.«
»Wie willst du das denn hinbekommen, lieber Freund?«, fragt der Himmelschef voll Wehmut.
Der kleine Engel aber spricht ihm Mut zu: »Verlass dich nur auf Moische Birnbaum und, vor allem, hol dir keinen Schnupfen unter der Gießkanne vom alten Kneipp.«

Schon am nächsten Tag sieht Moische, wie Gott mit aufgerollten Hosenbeinen unter der Aufsicht von Johannes dem Täufer und des Wald- und Wiesenarztes Kneipp im himmlischen Feuerlöschteich, den man auch »Die Wasser von Babylon« nennt, Gesundheitsgymnastik betreiben muss.
Um seinen armen Freund zu retten, ruft Moische dem Herrn des Himmels zu: »Ich soll dich auf der Stelle holen, Ewiger. Bei der großen Heiligabend-Probe brennt die Luft. Du bist dort wirklich unabkömmlich. Der Regisseur ist wie immer schwer besäuselt und verlangt

partout, dass der Herr Jesus wieder mal das Christkind spielt.«

»Ich komme auf der Stelle, Moische«, ruft der Herrgott überglücklich und greift hastig nach den langen Unterhosen. Doch der Wasserdoktor Kneipp nimmt sie ihm wieder aus der Hand.

»Deine Kur, oh Herr, ist noch lange nicht beendet. Du warst erst eine einzige Ewigkeit im Wasser.«

»Wie viele Ewigkeiten müssen es noch sein?« Gott bibbert vor Enttäuschung und schnieft.

»Bei deinem Grad der Hächz-Erkrankung«, lange denkt der Wasserdoktor nach, »werden es bestimmt nicht weniger als neun.«

»Das kann doch nicht wahr sein«, ruft Moische Birnbaum empört.

»Is' aber wahr«, erwidert der Himmelsherr kläglich. Dann niest er gewaltig: »Hächz! Häächz! Moische, was glaubst du, wie kalt das ist.«

»Aber gesund, Ewiger, besonders für die Nasennebenhöhlen«, sagt der Wasserdoktor Kneipp und richtet seinen Wasserschlauch auf die Waden Gottes.

Moische Birnbaum ist davongerannt. Er kann es nicht mehr sehen, wie der Herr des Himmels in den kalten Wassern schrumpft. Richtig winzig ist der arme Ewige schon geworden. Um sich abzulenken, rennt der kleine Engel jetzt zur großen Heiligabend-Probe.

Dort geht's wieder mal chaotisch zu. Der Regisseur, ein fetter Engel namens Hitchcock, schimpft, dass niemand seine Kunst versteht. Auch streitet er mal wieder um den richtigen Krippensäugling. Der Heiland selbst steigt längst schon nicht mehr in die Weihnachtskrippe, weil er zu groß ist und vor allem weil sein Strampelanzug nicht mehr passt. Drum spielt nunmehr schon seit vielen Jahren ein ausgewählter Säugling zum großen Weihnachtskrippenspiel den Sohn des Herrn.

Engel Hitchcock nimmt das nächste Kind in Augenschein und lässt sich, heute schon zum neunten Mal, das Textbuch, eine schwere, goldbeschlagene Bibel, auf die Füße fallen. Schmerzlich heult der Meister auf und nimmt zur Linderung einen großen Schluck. Dann hinkt er weiter zu den nächsten Babykörben. »Dieser Säugling hier kommt in die engere Wahl und dieser auch. Nein, dieser nicht. Der ist zu fett und zu blond. Tut mir leid, auch dieses Kind ist ganz unmöglich. Soll ein Mädchen etwa Christus spielen? Auch dieser Knabe hier ist abgelehnt. Unser Heiland ist doch kein Japaner.«

Endlich ist das richtige Kind gefunden. Engel Hitchcock stöhnt erleichtert und nimmt mal wieder einen Schluck.

Moische Birnbaum ist der Erste, der dem auserwählten

Säugling gratulieren will. Doch der Kleine brüllt, dass sich die Balken biegen.

»Halt jetzt mal den Rachen, Junge. Dein Glück ist doch gemacht«, flüstert Moische in die Krippe. »Wenn du erst unten auf der Welt und neugeboren bist, machst du bestimmt 'ne fetzige Karriere. Alle Knirpse, die zu Heiligabend hier oben mal das Christkind waren, sind unten auf der Erde was geworden. Kanzler, Rockstars, Generäle, Fußballtrainer oder Papst. Also lass dir jetzt mal was von Moische Birnbaum sagen.«

Das Krippenkind hört wirklich auf zu schreien und lauscht mit seinen großen, dunklen Augen dem klugen Rat des Engels Moische Birnbaum.

Der Weihnachtsabend ist herangekommen. Überall brennen die Lichter an den Tannenbäumen. Im Hause des Herrn, im Flur vor der Küche, ist der Stall, in dem das Christkind geboren wird, originalgetreu aufgebaut. Gerade kommen die Hirten mit ihren Tieren, Eseln, Schafen und Ziegen, herein. Nur am Heiligen Abend werden sie in den inneren Himmel gelassen. Sie beziehen, wie es üblich ist, rings um die Krippe Position. Und auch oben unter dem Dach geht's fröhlich zu. Der Herzenswunsch des Engelchens Anna-Luise hat sich in diesem Jahr erfüllt. Sie spielt den Stern von Bethlehem. All die Tage konnte sie es kaum erwarten, dass es Heiligabend wird. Und nun schaukelt Annchen überglücklich im silberblauen Weihnachtssternkostüm an der Decke hin und her.

Moische Birnbaum aber hält sich schon seit geraumer Zeit in der Nähe des Lichtschalters auf. Jetzt kommt auch Gottes Haushälterin Herta, aufs Eleganteste gekleidet, in Begleitung des Bäckerengels Gustav herein. Und dem stößt Herta plötzlich in die Seite. »Ich traue meinen Augen nicht!«

Auch die Heiligen beginnen hektisch ihre Brillen zu putzen, denn Engelchen Robertino ist eingetreten – in einer himmelblauen Badehose. Dreiviertellang, bis übers Knie. Er strahlt wie's ganze Firmament und marschiert vor Moische Birnbaum auf und ab. »Sie kam beim Baden plötzlich angeschwommen«, flüstert er selig seinem Freund zu. »Die trägt sich zehnmal besser als der schlaffe Kittel. Und in die Schule geh ich auch mit ihr.«

Moische Birnbaum, mit der Hand am Schalter und voll Weihnachtsfreude in der Stimme: »Hab ich's dir nicht oft gesagt? Sogar im Himmel gibt es manchmal Wunder.«

In diesem Augenblick betritt der Himmelschef, festlich gekleidet, den Stall und alle beginnen zu singen: »O du fröhliche, o du selige …«

Da geht doch plötzlich das Licht aus.

»Auch noch Stromausfall«, ruft Herta ärgerlich. »Ausgerechnet am Heiligen Abend.«

Gott aber spricht beruhigend: »Es werde Licht!« Als es nach dem ersten Ruf des Herrn nicht gleich wieder hell wird, spricht der Herr zum zweiten Mal und wirklich, alle Lampen gehen wieder an.

In dem Moment stößt Herta einen Schrei aus. »Eine Krähe! Auf der heiligen Krippe! Wo kommt dieses Ungetüm denn her?«

»Eine Dohle«, erklärt ihr Gott und streicht dem Tier liebevoll über das schwarze Gefieder.

»Was hat sie hier zu suchen?«, rufen die Heiligen durcheinander.

»Was wir alle hier suchen«, erwidert Moische Birnbaum feierlich. »Das Christkind. Es handelt sich bei diesem Vogel um die Dohle aus dem Morgenland, die den Heiligen Drei Königen vorangeflogen ist, um für sie den Sohn des Herrn zu finden.«

»Aber das ist doch gar nicht wahr«, ruft Herta empört. »In der Bibel jedenfalls steht nichts davon.«

»Is' aber wahr«, schreit nun die Dohle los und Herta tritt erschrocken drei Schritte zurück.

Ein Heiliger ruft wehklagend: »Nehmt bitte Rücksicht auf meine Vögel-Allergie!« Er wird bleich und beginnt nach Luft zu ringen.

Ein anderer alter Engel wird von einem schweren Weinkrampf heimgesucht und schüttelt sich wie ein Huhn, das gerade einem Auto entkommen ist.

Die Ordnungsengel aber rufen wichtig: »Nur Tiere mit Sondergenehmigung dürfen in den inneren Himmel!«

Der gesamte Heilige Abend droht im Chaos zu versinken. Der Ewige, der sich bisher aus dem Streit herausgehalten hat, wirft Moische Birnbaum einen traurigen Blick zu und will ihn gerade bitten die Dohle zu entfernen, da rüttelt der kleine Engel kräftig an der Krippe und flüstert hinein: »Hör auf zu schlafen. Du bist jetzt dran.«

Und was soll man sagen, mitten im Trubel und inmitten all der Aufgeregtheiten, der Stimmen, die den Hinauswurf der Dohle aus dem Himmel verlangen und die von einem gewaltigen Schwindel des Lauseengels Moische Birnbaum sprechen, geschieht das Weihnachtswunder.

Zuerst tauchen am Krippenrand die kleinen Hände, dann der Kopf des Christkindes auf. Es sieht sich fröhlich nach allen Seiten um, winkt zuerst seinem himmlischen Vater zu, anschließend Moische Birnbaum und verkündet dann laut und deutlich: »Is' aber wahr, Tiere gehören in den Himmel! Dohlen auch!«

Dann legt sich das Christkind zurück.

Gott aber strahlt heller als alle Weihnachtssterne. Er tritt gerührt an die Krippe und sagt: »Was für ein herrliches Geschenk du bist. So vernünftig und tierlieb dazu.«

Das Kind in der Wiege schlummert wieder ein und auch im Himmel wird es Frieden. Alle schweigen. Kein Heiliger und auch nicht Gottes Haushälterin Herta wagen noch ein einziges Wort gegen den Vogel. Der Ewige aber und alle kleinen Engel lächeln glücklich und vergnügt.
Schließlich bricht Moische Birnbaum das Schweigen: »Endlich wieder ein Tier im Himmel. Das wird ein frohes Fest!«
»Hächz«, schreit begeistert die Dohle aus dem Morgenland und alle Engel und Heiligen rufen im Chor: »Is' aber wahr.«

Am ersten Weihnachtsfeiertag, es hat gerade zwölf geschlagen, klopft es an der Tür des Herrn. Weil Herta in der Küche ist, geht Gott, die Dohle aus dem Morgenlande auf der Schulter, selber öffnen. Und wen sieht er draußen stehen? Den kleinen Engel Moische Birnbaum.
»Gut, dass du da bist, lieber Moische«, ruft der Himmelsherr erfreut. »Ich habe eben mit dem Vogel hier geübt. Das Ergebnis haut dich um.«
»Was kann man denn mit einer Dohle üben?« Moische Birnbaum äußert leichte Zweifel.
»Alles«, spricht der Herr des Himmels überzeugt. »Ein solch geniales Tier kann mehr, als nur ›Is' aber wahr‹ zu sagen.«

»Was sagt sie denn noch?«, fragt Moische Birnbaum und putzt sich interessiert die Nase.
»Is' doch nicht wahr!«, schreit jetzt die Dohle los und Gott erklärt dem kleinen Engel: »Du weißt ja, Herta schwindelt öfter mal ein wenig. Mit Hilfe dieses wunderbaren Tieres kann sie nun zur Wahrheit angehalten werden.«
»Wahnsinn, dieser Vogel«, ruft Moische begeistert. Dann aber bittet er den Ewigen nach draußen auf den Markt, zum großen Weihnachtsbaum.
Dort angekommen bricht der Herr in hellen Jubel aus. Die große Tanne ist reich geschmückt. Doch nicht, wie gestern Abend noch, nur mit Sternchen, Engelshaaren, Glöckchen und mit Lichtern. Jede Menge Tiere, Vögel, Rinder, Esel, Schafe, hüpfen, fliegen oder galoppieren auf und unterm Weihnachtsbaum umher. Alle pfeifen, grunzen oder blöken ihrem Schöpfer entgegen: »Wir wünschen dir ein frohes Fest.«
»Auch euch ein glückliches Weihnachten«, ruft Gott und lächelt wieder mal sein wundervolles Lächeln. Zu Moische Birnbaum sagt er: »Wie viel schöner lebt es sich mit Tieren.« Dann aber spricht der Herr: »Mich friert trotz all der Lichter jetzt ein wenig, lieber Moische. Ich gehe wieder in mein Haus.«
»Nicht ohne deine Weihnachtsüberraschung.« Moische Birnbaum hüpft vor Freude wie ein Gummiball.

»Meine Weihnachtsüberraschung?«, fragt der Himmelschef verwundert. »Die sitzt auf meiner Schulter, wie du siehst, und ist der deutschen Sprache mächtig.«

»Als lieber Gott«, erklärt Moische Birnbaum jetzt geheimnisvoll, »verträgt man auch mal zwei Geschenke.« Er nimmt den Herrgott an der Hand und führt ihn zu einem Körbchen, das an einem Tannenast befestigt ist. »Das, Ewiger, ist auch für dich. Nimm es ab und mit nach Hause. Es passt ganz wunderbar zu deiner Weihnachtsdohle.«

»Ob es auch zu Herta passt?« Gott wiegt mal wieder sorgenvoll den Kopf. Dann aber nimmt er doch das Körbchen von der Weihnachtstanne. Er schaut hinein und strahlt sofort heller als der hellste Stern am Firmament. Moische Birnbaum, all die Engel und die vielen Weihnachtstiere strahlen auch. Denn der Herr hebt jetzt mit seinen Händen aus dem Körbchen einen kleinen Mops und drückt ihn voller Liebe an sein Herz. »Erst heute Morgen hab ich mir gesagt: ›Zu dieser Dohle fehlt nur noch ein Mops. Dann wäre auch der liebe Gott mal richtig selig.‹ Und jetzt ganz plötzlich ist er da. Das, meine lieben Freunde, ist die schönste Weihnachtsgeschichte seit Christi Geburt.«

»Is' doch nicht wahr«, ruft jetzt die Dohle aus dem Morgenland gerührt.

Moische Birnbaum, alle Engel und der Herr des Himmels aber rufen wie aus einem Mund: »Is' aber wahr!«

Nur das Weihnachtsmöpschen schweigt. Doch sieht es alle freundlich an mit seinen schönen Augen. Jetzt gähnt es zweimal und schläft dann wieder ein am großen Herzen des Himmelsherrn.

Ulrike Kuckero
Weihnachten im Hühnerstall

Auf einem Bauernhof lebte ein Huhn zusammen mit anderen Hühnern. Am Tage lief es über den Hof, am Abend ging es mit den anderen zusammen in den Hühnerstall zum Schlafen.
Als es Winter wurde, blieb das Huhn mit den anderen Hühnern im Stall, denn es war kalt und sie fanden draußen keine Körner und keine Würmer mehr.
Das Huhn jedoch langweilte sich.
Eines Nachmittags, es wurde gerade dunkel, kletterte es die Hühnerleiter hinunter und rief: »Ich geh mal ein bisschen raus, wer will mit?«
Doch niemand wollte mit. Da sprang das Huhn allein durch die Hühnerklappe hinaus. Doch kaum war es draußen gelandet, stolperte es über eine alte Hühnerleiter, die dort herumlag. Dieser Hof ist ein richtiger Saustall, dachte das Huhn. Gerade wollte es hinüber in den Kuhstall laufen, da sah es, wie der Bauer den grünen Baum ins Haus trug, der schon tagelang auf dem Hof gelegen hatte.

Na also, dachte das Huhn, schlich näher und lugte durchs Fenster. Drinnen stand die Bäuerin auf einem Stuhl und hängte allerlei Sachen in den Baum.
Gute Idee, endlich wird mal aufgeräumt, dachte das Huhn zufrieden und setzte seinen Spaziergang fort.
Als es um den Kuhstall und auch noch um den Schweinestall herumgelaufen war, kam es an der Tür des Bauern vorbei. Der trat gerade heraus. Hinter der Haustür zog er einen dicken roten Mantel an und hängte sich einen weißen Lappen ins Gesicht. Dann griff er einen schweren Sack und klopfte polternd gegen die Tür.
Drinnen hörte das Huhn die erschrockenen Schreie der Kinder.
Aha!, dachte das Huhn. Plötzlich verstand es, was los war.
Schnell lief es über den Hof, pickte hier was auf und sammelte dort etwas unter die Flügel. Schließlich stand es schwer beladen vor der Klappe zum Hühnerstall, quetschte sich mit prallen Flügeln hindurch und rief:
»Alle mal herhören, wir räumen auf!«
Die anderen Hühner saßen auf der Stange und dösten. Erschrocken reckten sie die Hälse.
»Aufräumen?«, gackerten sie. »Wozu das denn?«
»Das macht man so, wenn es Winter ist und langweilig wird. Hopp, hopp, sammelt alles auf und hängt es hier hinein!«

Damit wies es mit dem linken Flügel auf die zerbrochene Hühnerleiter, die draußen neben dem Stall gelegen hatte.

Schnell stellte das Huhn die alte Hühnerleiter gegen die Stange und fing an Federn und allerlei alte Sachen vom Hof über die Sprossen zu hängen.

Allmählich kam Bewegung in die Hühner. Eines nach dem anderen sprang von der Stange und lief auf den Hof, um etwas zu finden. Schon nach kurzer Zeit hing die alte Hühnerleiter über und über voll mit alten Sachen, die auf dem Hof und in den Ställen herumgelegen hatten. Das zerrissene Halsband vom Hund war dabei, ein Kälberstrick, die Borsten eines Besens und sogar ein alter Strumpf der Bäuerin.

Als die Hühner nichts mehr fanden, kamen sie zurück in den Hühnerstall, hockten sich auf die Hühnerstange und besahen sich, was sie zusammengesammelt hatten.

»Alles aufgeräumt«, gackerten sie voller Tatendrang. »Was kommt jetzt?«

Das Huhn sprang in die Mitte und sagte feierlich: »Jetzt kommt ein Spiel, doch ich verrate nicht, wie es heißt! Moment!«

Es rannte durch die Klappe nach draußen und verschwand in der Dunkelheit.

Die anderen Hühner saßen eine Weile da und warteten.

Schließlich wurden sie müde und einem nach dem anderen fielen die Augen zu.
Doch da plötzlich war ein Pochen zu hören.
»Wer ist da?«, gackerten die Hühner aufgeregt und rissen die Augen wieder auf.
Schon ging die Klappe auf und ein roter Kopf schaute herein.
»Ich bin's!«, knurrte er. »Na, habt ihr Angst?«
»Angst?«, gackerten die Hühner und sahen sich an. Wovor sollten sie Angst haben? Doch dann fiel es ihnen ein: Wenn sie vor etwas Angst hatten, dann vor dem Fuchs!
»Hilfe!«, rief da auch schon das erste Huhn. »Der Fuchs ist da!«
»Der Fuchs ist da!«, kreischten sogleich alle Hühner auf einmal und es gab einen Riesentumult. Alle Hühner wollten sich retten und kletterten auf die entlegensten Plätze im Hühnerstall.
»Ha!«, knurrte da der rote Kopf und schüttelte sich. »Ihr habt prima mitgespielt!«
Damit zog sich das Huhn den roten Kinderhandschuh vom Kopf, den es im Flur von dem Bauern stibitzt hatte.
»Was ist das denn für ein dummes Spiel«, murrten da die Hühner. Nur mühsam erholten sie sich von dem Schreck.

»Das Spiel heißt: *Der Fuchs kommt*. Ist doch klar, oder?«, sagte das Huhn und war ein wenig enttäuscht, dass das Spiel nicht so richtig verstanden wurde.
»Blödes Spiel«, piepste das kleinste Huhn.
»Pa«, sagte das Huhn erbost, »die Menschen spielen es auch. Wollt ihr es selbst sehen?«
Misstrauisch folgten die anderen Hühner dem Huhn über den Hof bis zum Fenster des Bauern. Dort sprangen sie auf das Fensterbrett und starrten in die Stube.
Und wirklich. Ein großer roter Fuchs stand dort und unter seinem Fell sahen die Stiefel des Bauern hervor. Die Kinder des Bauern schauten dem Fuchs ängstlich in die Augen.
Hinter ihnen stand der grüne Baum, der vorher im Hof herumgelegen hatte, und an seinen Zweigen hingen lauter aufgeräumte Sachen.
»Sie jammern vor Angst bei diesem Spiel. Hört ihr?«, fragte das Huhn und hob den Flügel.
Angestrengt lauschten die Hühner. Tatsächlich.
»Lieber guter Weihnachtsmann, schau mich nicht so böse an«, hörten sie die Kinder furchtsam sagen.
Zufrieden flatterten die Hühner vom Fensterbrett und liefen schnell zurück in ihren Hühnerstall.
Eines ist allerdings komisch, dachte das Huhn: Warum sagen sie Weihnachtsmann? Warum nicht Fuchs?
Doch diesen Gedanken behielt es lieber für sich.

Elisabeth Zöller
Teddy und die goldenen Kerzen

Mama ist mit den beiden Kleinen schon hinuntergegangen. Sie dekorieren zusammen den Adventskranz.
»Ich will goldene Kerzen, ich will goldene Kerzen!« Teddys Gequengel ist aus dem Wohnzimmer zu hören.
Gleich darauf folgt Mamas beschwichtigende Stimme.
»Teddy, ich habe weiße Kerzen gekauft. Und die sind schön so.«
Teddy will aber lieber goldene.
Und dann höre ich, wie die Haustür zugeworfen wird. Ich gehe die Treppe hinunter und sehe, dass Teddys Winterjacke nicht mehr am Haken hängt. Wo will er denn vor dem Mittagessen noch hin?
Ich gehe aus dem Haus und schleiche hinter Teddy her.
Wir wohnen in der Nähe der Altstadt. Man muss nur über einen großen Platz gehen und schwups!, ist man in der Fußgängerzone. Das ist manchmal sehr prak-

tisch, so wie jetzt, wo Teddy anscheinend etwas in der Stadt will. Er rennt beinahe schon. Ich habe Mühe, hinterherzukommen.
Und auf einmal sehe ich, wie er vor einem Geschenkladen stehen bleibt. Er drückt sich fast die Nase an der Fensterscheibe platt. Ob da goldene Kerzen ausgestellt sind? Teddy holt seinen Geldbeutel heraus, zählt sein Geld und schüttelt den Kopf. Ich kann sogar erkennen, dass er ein ziemlich trauriges Gesicht macht. Dann

drückt er sich noch einmal die Nase platt, dreht sich um und rennt zurück nach Hause.

Jetzt, wo Teddy weg ist, gehe ich zu dem Laden hin. Da steht tatsächlich eine große goldene Kerze im Schaufenster. Sie sieht wunderschön aus und hat eine unruhige, gespachtelt wirkende Oberfläche. Teddy hat einen tollen Geschmack. Aber die Kerze ist leider ganz schön teuer: 5,30 Euro. Und dann noch vier davon! Das ist für unseren Adventskranz nicht drin.
Doch da habe ich eine Idee. Wenn Teddy sich so sehr eine goldene Kerze wünscht, dann könnte ich ihm doch zu Weihnachten eine schenken. 5,30 Euro ist natürlich zu teuer. Aber ich kann ja in den Laden hineingehen und fragen, ob sie auch kleinere Kerzen haben.
Gesagt, getan. Ich gehe hinein und frage die Verkäuferin, ob sie noch kleinere goldene Kerzen als die im Schaufenster hat. Die Frau nickt und holt eine aus einem Regal. Die ist allerdings wirklich sehr, sehr klein. Aber sie kostet trotzdem 4,20 Euro. Und das ist immer noch zu teuer für ein Weihnachtsgeschenk. Ich bastle nämlich die meisten Sachen und kaufe nur noch Kleinigkeiten dazu.
Da muss ich die Verkäuferin ganz traurig angeguckt haben. Sie fragt, ob ich mir etwas anderes vorgestellt hätte. Da sage ich ihr, dass mir die Kerze gefällt, aber

dass ich fünf Geschwister habe und mir Geschenke für 4,20 Euro nicht leisten kann.

Die Verkäuferin dreht sich um, um weiterzusuchen. Dann kommt sie plötzlich zurück. Ihr Gesicht strahlt, als wenn sie plötzlich eine Erleuchtung hätte, und sie fragt: »Kann es auch eine Kerze sein, die oben ein bisschen beschädigt ist? Wir können sie so nicht mehr verkaufen. Die könnte ich dir billiger geben.«

Ich nicke. Toll! Wenn ich die für einen oder zwei Euro bekommen könnte!

Die Verkäuferin geht in ein Hinterzimmer. In der Zeit schaue ich mir die anderen Weihnachtsdekorationen im Laden an. Eine lange Kette aus Goldpapier hängt vor dem Fenster. Sie ist in zwei Bahnen aufgehängt. So etwas zu basteln braucht natürlich viel Zeit. Vielleicht kann ich Bettina einladen und es mit ihr gemeinsam versuchen.

Bettina ist meine beste Freundin. Wir basteln gern zusammen. Vor allem wenn es vor Weihnachten daheim so gemütlich ist. Tante Nana kocht uns dann einen schönen warmen Kakao mit einem Sahnehäubchen drauf. Wir stellen den CD-Player mit »Schneeflöckchen, Weißröckchen« an und basteln eifrig drauflos. Das ist immer wunderbar weihnachtlich!

Da hab ich plötzlich eine Idee. Ich könnte doch für alle verschiedene Sachen aus Goldpapier basteln: für Ben eine Goldpapierrakete – Ben träumt nämlich vom Raketenbauen – und für Lucki, den Ökotypen, ein Handy. Den ärgere ich damit. Für Sofie bastle ich vielleicht eine Parfümflasche. Das passt!

Die Verkäuferin reißt mich aus meinen Träumen. Sie hat die Kerze gefunden und kommt mit ihrem Chef persönlich an den Verkaufstisch.
»Du hast nicht so viel Geld?«, fragt er.
Ich nicke.
»Kannst du denn 50 Cent bezahlen?«
Die Verkäuferin zeigt mir die beschädigte Kerze. Sie hat nur oben neben dem Docht einen Riss und den kann ich ganz leicht mit Plakafarbe übermalen. Dann sieht man ihn überhaupt nicht mehr. Und wenn man die Kerze angezündet hat, ist der Riss sowieso sofort weg.
Ich nicke. Ich bin begeistert. Jetzt habe ich ein tolles Geschenk für Teddy!
Ich kaufe die Kerze und renne nach Hause.
Als ich daheim ankomme, sitzen Teddy und Mama vor dem Adventskranz. Und wisst ihr, was Teddy hat? Goldene Kerzen!
»Man kann sogar aus billigen weißen Kerzen echte goldene machen. Ist das nicht toll, Bella?«, jubelt er. Und dabei bestreicht er die Kerzen weiter mit Goldfarbe. Sie sehen wirklich schön aus.

Erst bin ich enttäuscht. Aber die goldene Kerze in meiner Tasche ist noch viel, viel schöner. Sie ist außen nicht einfach glatt, sondern hat eine interessante Oberfläche. Teddy wird sich darüber freuen, da bin ich mir sicher!

Nachts, als schon alle im Bett sind, habe ich plötzlich auch Lust, den Adventskranz zu dekorieren. Ich schleiche mich nach unten und hole die Goldfarbe aus dem Schrank. Dann nehme ich ein paar Walnüsse und bemale sie damit. Anschließend verteile ich sie vorsichtig auf dem Adventskranz. Toll!
Als ich fertig bin, gehe ich im Dunkeln wieder ganz leise die Treppe hinauf. Jetzt bin ich zufrieden. Der Adventskranz sieht wunderbar weihnachtlich aus!

Achim Bröger

*Lauter Wünsche
an den Weihnachtsmann*

Miriams Wunsch

Lieber Weihnachtsmann,

nimm bitte meinen Bruder, verpacke ihn ganz schön und verschenke ihn an andere. Mir könntest Du dann dafür ein Meerschweinchen schenken.
Am liebsten wäre mir ein Angorameerschweinchen. Das ist viel besser als ein Bruder. Kannst Du glauben. Erstens futtert es einem nicht alles weg, wie das mein Bruder tut. Zweitens will es nicht immer Recht haben wie mein Bruder. Drittens wird es garantiert nicht dauernd auf das zweite Programm umstellen, wenn ich das erste sehen möchte. Viertens haut und zankt es nicht. Fünftens und überhaupt ist es bestimmt insgesamt viel netter als mein Bruder. Es gibt sicher noch zehn andere Gründe, ihn gegen ein Meerschweinchen zu tauschen. Aber die ersten fünf reichen schon.

Falls Du keinen kennst, der meinen Bruder geschenkt will, rufe mich bitte an, lieber Weihnachtsmann. In meiner Klasse gibt es nämlich eine, die einen Bruder möchte. Das liegt daran, dass sie noch nie einen gehabt hat.
Wenn Du nicht genug Geschenkpapier für dieses große und etwas dickliche Geschenk auftreiben kannst, besorge ich es.
Hauptsache, alles klappt.

Deine Miriam

Jochens Wunsch

Lieber Weihnachtsmann,

mein Papa hat so eine laute Brüllstimme. Schenke ihm bitte eine leisere, damit er Mama und mich nicht immer erschreckt.
Oder montier ihm irgendwohin einen unauffälligen Knopf, mit dem wir ihn leiser stellen können.
Das war mein erster Wunsch. Ich habe auch noch einen zweiten, der ist einfacher. Meine Mama kocht immer das Gleiche. Oder vielleicht schmeckt es auch immer nur gleich. Schenk ihr bitte ein Kochbuch mit ganz vie-

len verschiedenen Gerichten. Und jedes soll einen eigenen Geschmack haben. Wahrscheinlich glaubst Du mir das mit dem gleichen Geschmack nicht, lieber Weihnachtsmann, dann komm zu uns. Du darfst eine Woche die Hälfte von meinem Mittagessen haben. Danach glaubst Du es mir garantiert.

Es kann natürlich sein, dass Du alle Kochbücher verschenkt hast. Dann wünsche ich mir ein Fass Spaghetti mit Fleischsauce. So viel muss im Fass sein, dass ich ein Jahr lang jeden Tag spaghettisatt werde. Wenn es schon immer gleich schmeckt, soll es wenigstens mein Lieblingsessen sein.

Dein Jochen

Julias Wunsch

Lieber Weihnachtsmann,

schenke mir bitte irgendwas, damit ich abends keine Angst mehr vor dem Einschlafen habe. Sehr gut wären dafür Eltern, die sich ans Bett setzen und vorlesen. Meine tun das leider nie. Das finde ich ziemlich doof. Aber wenn Dir ein anderes Geschenk gegen Angst einfällt, ist mir das auch recht.

Außerdem wünsche ich mir, dass sich meine Eltern weniger zanken. Das ist eigentlich sogar mein Hauptwunsch. Schaffst Du das?

Deine Julia

Thomas' Wunsch

Lieber Weihnachtsmann,

ich habe einen Doppelwunsch. Hoffentlich ist das nicht zu viel.
Ändere bitte meine Mama, damit sie nicht immer nörgelt, wenn es bei mir im Zimmer unaufgeräumt aussieht. Also bitte nicht vergessen: Mama entnörgeln!
Dann wünsche ich mir einen Lehrer, der als Schüler selber öfter mal was falsch gemacht hat. So ein Lehrer weiß genau, wie man sich dabei fühlt. Und der hilft einem bestimmt.
Sollltest Du meine Wünsche nicht erfüllen können, schenke mir bitte eine Tarnkappe. Die setze ich dann immer auf, wenn in der Schule oder zu Hause was nicht klappt.

Dein Thomas

Sigrid Heuck
Kleiner Engel auf Reisen

»Alle mal herhören!«, rief der Weihnachtsmann mit donnernder Stimme über den Himmel. »Demnächst ist wieder Weihnachten. Es wird Zeit, dass ihr euch auf den Weg macht.«

Von allen Seiten flogen, flatterten, schwebten, rannten, sprangen, liefen und hüpften die Engel herbei und umringten ihn.

»Die Größeren von euch wissen ja schon, wie es geht. Nur die Kleinen, die zum ersten Mal auf die Erde fliegen, sollten gut zuhören, was ich ihnen zu sagen habe.«

Der Weihnachtsmann räusperte sich. Dann zog er sein großes rotes Schnupftuch heraus, schnäuzte sich die Nase und steckte sich ein Hustenbonbon in den Mund.

»Also«, begann er, »jeder von euch erhält die Gabe, einem Erdenkind einen Wunsch zu erfüllen. Jeder von euch hat also nur ein einziges Geschenk zu vergeben.«

Ein kleiner vorwitziger Engelsjunge namens Max streckte seinen Zeigefinger in die Höhe: »Reichen unsere Geschenke dann auch für alle Kinder?«

»Natürlich nicht«, erklärte ihm der Weihnachtsmann. »Aber es gibt ja schließlich die vielen Väter und Mütter, die auch noch Geschenke verteilen. Und der heilige Nikolaus sowie Knecht Ruprecht haben ebenfalls viele Geschenke in ihrem Sack. Eure Gaben sind nur für Glückskinder bestimmt. Also wählt gut aus, wem ihr einen Wunsch erfüllt.«

»Das ist aber eine schwierige und sehr verantwortungsvolle Aufgabe!«, seufzte das Tinchen. Sie war die jüngere Schwester von Max.

»Das glaub ich auch«, pflichtete ihm der kleinste von allen Engeln bei, den alle Sternchen nannten, weil er auf sein Engelshemd einen goldenen Stern geklebt hatte. »Ich weiß nicht, ob ich das kann!«, sagte er traurig und ließ die Flügelchen hängen. Fliegen konnte er nicht besonders gut. Im Flugunterricht hatte er zuletzt die Note »Fünf« bekommen. Er flatterte ein bisschen herum, hüpfte von Wolke zu Wolke, und wenn er müde war, ließ er sich einfach fallen. Bisher war er immer weich gelandet. Auf Wolken sanft zu landen ist kein Kunststück. Sie sind mindestens so weich wie zehn Federbetten übereinandergeschichtet.

Mit dem Auftrag des Weihnachtsmanns kam der Ernst des Engellebens auf ihn zu. Er musste auf die Erde hinunterfliegen und sich auf die Suche nach einem Kind machen, dem er einen sehnlichen Wunsch erfüllen konnte.

»Fliegen wir doch ein Stück zusammen«, schlug Max seinen Freunden vor. »Gemeinsam sucht es sich leichter als allein.«

So machten sie es. Max und Tinchen flatterten los. Sternchen folgte ihnen. Es dauerte nicht lange, bis er aus dem Gleichgewicht kam. Er begann sich zu überschlagen und zu fallen, und wenn ihn die beiden anderen nicht an den Hemdzipfeln festgehalten hätten, wäre ihm der Sturz auf die Erde sicher schlecht bekommen.

Sie landeten in einer großen Stadt mitten auf dem Christkindlmarkt. Es tingelte, dudelte, orgelte und bimmelte rings um sie herum. Dazu stieg ihnen der Duft von Lebkuchen und gebrannten Mandeln in die Nase. Kerzen brannten und die Menschen drängten sich vor den Ständen, weil sie irgendetwas kaufen wollten, obwohl sie nicht wussten, was. Das verwirrte die Engelsgeschwister. Am allermeisten jedoch verwirrte es Sternchen.

»Erledigen wir rasch unseren Auftrag«, sagte Max.

»Wie willst du das machen?«, seufzte Tinchen.

»Ich frage einfach das nächstbeste Kind, was es sich zu Weihnachten wünscht.« Max näherte sich einem kleinen Mädchen. »Was wünschst du dir denn zu Weihnachten?«, fragte er es.

»Eine Puppe, die ›Mama‹ sagen kann und die in die Hose pieselt. Sie muss mindestens so groß sein wie meine kleine Schwester und ein gesticktes Kleid anhaben!«, antwortete das kleine Mädchen.

»So ein Quatsch«, flüsterte Max seiner Schwester zu und schüttelte seine Engelslocken. Jungen haben nur selten Verständnis für Mädchenwünsche. Laut sagte er: »Wenn du es dir sehnlichst wünschst, sollst du deine Puppe haben.« Da hielt das Mädchen auf einmal eine riesengroße Babypuppe im Arm. Sie hatte ein gesticktes Kleid an, ihre Windeln waren nass und sie schrie dauernd »Mama, Mama!«. Jubelnd lief das kleine Mädchen mit ihr davon.

»Jetzt bin ich dran«, rief Tinchen. Sie suchte sich einen Jungen heraus, der vor einer Bude stand und mit sehnsüchtigen Augen das dort ausgestellte Spielzeug betrachtete. Das Engelmädchen zupfte ihn am Jackenärmel: »Was hättest du denn gern zu Weihnachten?«, fragte es ihn.

»Eine elektrische Eisenbahn, so wie die da.« Er zeigte auf einen Luxuszug. »Mit Schienen und Weichen, einem Bahnwärterhäuschen, natürlich auch einem großen Bahnhof, einem Stellwerk, Haltesignalen und vielen Güter- und Personenwagen.«

»Ach je«, seufzte das Tinchen. »So ein Ding geht doch sicher schnell kaputt!« Aber weil es der Junge sich so sehr wünschte, schenkte sie es ihm.

»Und was machen wir jetzt?«, fragte das Tinchen den Max. »Unsere Aufträge haben wir ja erfüllt.«

»Jetzt schauen wir uns selbst in aller Ruhe auf dem Christkindlmarkt um«, schlug er vor. »Gehen wir in diese Richtung oder in jene?«

»Dort hinüber«, sagte das Tinchen.

Und weil der Lärm um sie herum so ohrenbetäubend war, dass keiner den andern verstand, schlug jeder eine andere Richtung ein. Das Sternchen hatten sie völlig vergessen. Es fühlte sich sehr allein gelassen. Auf so viele Menschen war es nicht gefasst gewesen.

»Wie soll ich hier ein Kind finden, dem ich einen Wunsch erfüllen kann? Hier sind viele Hundert Kinder, deren Eltern, Großeltern, Onkel und Tanten ihnen alles schenken, was sie sich wünschen«, jammerte es. In seiner Verzweiflung flatterte das Sternchen auf den großen geschmückten Weihnachtsbaum, der vor dem Rathaus stand. »Ich muss weg hier«, sagte es laut zu sich selbst. »Hier finde ich nicht das Kind, dem ich einen sehnlichen Wunsch erfüllen kann!«

»Dann musst du ein Stück aufs Land hinausfliegen«, piepste ein kleiner Spatz, der sich frierend neben ihm niedergelassen hatte. »Vielleicht findest du dort, was du suchst.«

Da nahm sich das Sternchen ein Herz und flatterte los. Es kam bis zum nächsten Hausdach, schöpfte Atem, flog weiter, landete auf einem Schornstein und danach auf einer Mauer, wo es sich ein wenig ausruhte, bevor es sich wieder auf den Weg machte. Inzwischen war es dunkel geworden. Überall feierten die Menschen den Heiligen Abend. Wenn es an einem Haus vorbeikam, in dem die Fenster hell erleuchtet waren, ließ es sich auf einem Fensterbrett nieder und betrachtete durch die Scheiben den brennenden Weihnachtsbaum und wie die Kinder ihre Geschenke auspackten, die ihnen die Eltern hingelegt hatten.

Ab und zu beobachtete es auch, dass die Eltern sich stritten und die Kinder sich auch stritten oder weinten, doch es wollte sich nicht in fremde Angelegenheiten mischen und setzte seine Suche fort.

Mit der Zeit, es fiel ihm selbst nicht auf, machte ihm das Fliegen immer weniger Mühe. Es flatterte durch einen Wald, ohne an einen Baum zu stoßen. Dabei erschreckte es eine Eule. »Huhu!«, rief sie laut und riss ihre Augen auf. Doch da war das Sternchen schon weitergeflogen.

Es flog über schneebedeckte Berge, und weil es dort kalt war, bewegte es seine Flügelchen ganz schnell auf und ab, damit ihm die Kälte nichts mehr ausmachte.

Nur dass sich die Welt unter ihm veränderte, das fiel ihm auf. Die Häuser lagen still und dunkel unter ihm. Kein Fenster war erleuchtet. Nirgendwo brannte ein Weihnachtsbaum. Die meisten Kinder lagen in ihren Betten und hatten die Decken bis über die Ohren hochgezogen, weil sie so schrecklich froren. Sternchen wunderte sich. Doch seine Neugier trieb es weiter. Bald waren die Häuser nur mehr Ruinen, durch die der Wind pfiff. Schnee bedeckte die Felder, die von Bomben durchlöchert waren. Schnee lag auf kahlen Bäumen und auf den Straßen. Menschen sah es fast keine mehr, und wenn doch, dann hausten sie in einem Kellerloch.

Auf einem Feld ließ es sich auf dem Wrack eines ausgebrannten Panzers nieder. »So«, sagte das Sternchen laut zu sich selbst. »Jetzt bin ich weit genug geflogen. Das nächste Kind, das mir begegnet, frage ich nach seinem Wunsch.«

Es kam zu einer Hütte am Rand eines Moors. Kaum schützte das schilfgedeckte Dach seine Insassen vor Schnee und Regen. Ein schmaler Rauchfaden, der aus dem Kamin kam, zeigte ihm, dass dort Menschen wohnten. In einem Pferch hinter dem Haus standen und lagen ein paar Schafe.

Da nahm der kleine Engel all seinen Mut zusammen und klopfte an die Tür. Er vernahm schlurfende Schritte und dann eine alte Stimme: »Wer ist da?«
»Ein kleiner Engel«, rief der kleine Engel. »Der Weihnachtsmann hat mich geschickt. Ich soll euch einen Wunsch erfüllen.«
»Das ist doch sicher nur so ein Betteltrick«, murmelte der alte Mann und öffnete die Tür.
Das Innere der Hütte war karg eingerichtet. Ein Lager, ein Herd, in dem nur noch wenig Glut war, zwei Stühle und ein Tisch, auf dem eine Kerze brannte. Auf einem der Stühle hockte ein blasser Junge. Er wärmte seine Hände an der Glut des Herdes. Das Sternchen erkannte schnell, dass er blind war.
»Wer ist das, Großvater?«, fragte er.
»Er behauptet, er sei ein Engel und der Weihnachtsmann habe ihn geschickt, um dir einen Wunsch zu erfüllen.« Der alte Hirte schlurfte zum Tisch zurück und setzte sich auf den zweiten Stuhl.
»Dann wünsch ich mir einen Riesenlaib Brot«, sagte der kleine Junge. »Ich hab so großen Hunger, und wie Brot schmeckt, weiß ich schon lange nicht mehr.«
Der kleine Engel erfüllte ihm seinen Wunsch. Und während er den beiden zusah, wie sie das Brot verzehrten und ihren Durst mit Brunnenwasser stillten, fiel ihm der Christkindlmarkt in der großen Stadt wieder

ein. Er erinnerte sich an die zahlreichen Lebkuchenstände, an den Duft nach gebrannten Mandeln und Weihnachtsplätzchen. In seiner Erinnerung erklang das Gedudel der Drehorgeln und Glöckchengeklingel sowie das Geschrei der Kinder, die ihre Eltern, Großeltern, Onkel und Tanten damit quälten, was sie sich wünschten und was sie ihnen kaufen sollten.

Es geht nicht immer gerecht zu auf der Welt, dachte er und bat im Stillen den Weihnachtsmann, er möge es einrichten, dass der Brotlaib nie enden würde.

»Gib ihnen Brot für immer und so viel, dass sie nie mehr Hunger haben müssen!«, wünschte er sich.

Ob der Weihnachtsmann seinen Wunsch erfüllt hatte, konnte er nicht mehr feststellen, weil es Zeit für ihn wurde, in den Himmel zurückzukehren.

Aber er hoffte es. Oh, er hoffte es so sehr.

Christamaria Fiedler

Eddi,
der Weihnachtswacholder

Wacholder sind immergrüne Gewächse, die uns aufrecht stehend und stolz oder störrisch und krakenhaft am Boden kriechend in der Natur begegnen.
Die Gärtner bugsieren sie gern in Parks und auf Friedhöfe und die Hobbygärtner suchen so lange in ihrem Garten herum, bis sie noch ein Plätzchen für den Wacholder finden.
Eddi, der Weihnachtswacholder, wuchs in keinem Park, auf keinem Friedhof und in keinem Vorgarten auf. Er spross an einem schmalen Waldweg nahe der alten Futterkrippe, die schon ganz brüchig wirkte von all den feuchten Wintern und ungeduldigen Wildschweinnasen.
Mannshoch und ein wenig schief, so wurzelte er im dichten Maronengras, ein grüner Sonderling unter den Kiefern und Buchen, ein nadeliger Gentleman in unserem Forst.
»Was für ein Prachtkerl!«, riefen die Spaziergänger bei

seinem Anblick aus. »Wie kommt hier wohl ein Säulenwacholder hin?«

Auch wir, gerade in das kleine Haus am Waldrand gezogen und eifrig dabei, Nachbar Wald zu erkunden, staunten nicht schlecht.

Neugierig befragten wir Leute im Ort und erfuhren, dass dieses Waldgebiet vor vielen Jahren von fantasievoller Försterhand ungewöhnlich artenreich für die Berliner Gegend mit einer üppigen Wacholderschar angelegt worden war. Und es stimmte. Ab und zu trafen wir bei unseren Streifzügen auf kleinere, schmächtigere Verwandte von Eddi, aber keiner von ihnen konnte es mit dem Prachtkerl an der alten Krippe aufnehmen.

Längst hatten wir es uns zur Gewohnheit gemacht, den stachligen Gesellen auf unseren Spaziergängen mit vorsichtigem »Handschlag« zu begrüßen, indem wir zart einen kräftigen Ast berührten, den Eddi nach uns ausgestreckt zu haben schien. Mit der Zeit waren wir gute Bekannte geworden, und weil Bekannte einen Namen haben, tauften wir ihn »Eddi Grün«.

Das erwies sich sogar als praktisch, wenn es zum Beispiel galt, sich über eine Wanderroute zu verständigen. Zur Verwunderung unserer Besucher geschah das mit Sätzen wie »Gehen wir doch bei Eddi vorbei!«, »Wir nehmen den Pfad hinter Eddi!« oder »Einmal Eddi hin und zurück!«.

Aus dem Frühling, in dem wir ihn kennengelernt hatten, war Sommer geworden und bald gingen wir, in Mütze und Schal verpackt, herbstlich verschnupft an Eddi vorbei.
Schließlich brach die Zeit an, in der alle Leute behaupten keine Zeit mehr zu haben, weil sie mit den langen Wunschzetteln ihrer Kinder durch die Kaufhäuser sausen und für ihre Familie Mandelplätzchen backen müssen.
Auch wir behaupteten, sausten und backten. Und wenn ein Wacholder die menschliche Fähigkeit des Wunderns besäße, so hätte sich Eddi Grün vermutlich gewundert, wo wir in all den Wochen wohl blieben …?
Unterdessen fiel Schnee und weißte die Welt.
Ein anderer aus dem Wald war in den Mittelpunkt des allgemeinen Interesses gerückt und auf den Straßen, Märkten und Plätzen der Stadt »wuchsen« plötzlich harzig duftende Bauminseln empor: Das große, grüne Heer der Weihnachtsbäume wartete auf seine Käufer. Eine ungeheure, schillernde Blase der Erwartung und knisternden Heimlichkeit hatte sich wieder einmal über die Welt gespannt, bereit mit dem ersten Glockenton, der das Fest der Liebe und der Familie einläutete, erlöst zu platzen.
Auch wir putzten ein Bäumchen, wickelten Geschenke in festliches Papier, verbargen sie bis zum Abend noch

einmal vor neugierigen Blicken und machten uns auf den Weg in den Wald.

Wir wollten ein Festmahl aus Kartoffeln und Rüben zur Futterkrippe bringen. Eigentlich und vor allen Dingen aber wollten wir zu Eddi. In der Manteltasche, behutsam verpackt, steckte unser Geschenk. Wir hatten ihn nicht vergessen.

Der Winter hatte ihm einen schweren, weißen Mantel aus wattigem Schnee umgehängt, der seine Gestalt aufplusterte und seine Äste zu Boden drückte.

Wir mussten unseren Freund erst einmal kräftig schneefrei schütteln, bevor wir ihm mit feierlicher Geste die glänzende rote Kugel in die Spitze hängen konnten. Zu anderer Zeit, mag sein, hätte sie ihm – einem herausfordernd funkelnden Ohrring gleich – piratenhafte Verwegenheit verliehen. Oder Eddi Grün in einen witzigen Punk verzaubert. Heute aber, an Heiligabend, verwandelte sie ihn würdevoll in den ersten Weihnachtswacholder der Welt.

Still war es im Wald, Dämmerung sank sanft herab und wir waren uns sicher, dass alle Bäume, alle Büsche, alle Pflanzen ringsum jetzt mit staunenden grünen Augen auf Eddi schauten.

Und so hielten wir es Jahr für Jahr. Fröhlich gingen wir in Regen, in Schnee und Matsch, in Sturm und Wind und manchmal sogar in fast frühlingshaftem Sonnenschein an jedem 24. Dezember in den Wald, um Eddi zu schmücken.

Dann war der Karton mit Eddis Weihnachtskugeln leer und wir beschlossen ihm zum nächsten Fest ein silbernes Glöckchen zu bescheren. Ein Glöckchen, das, sanft angestupst vom Schneewind, lustig in Eddis Geäst läuten würde. Doch als das Weihnachtsfest da war, gab es Eddi nicht mehr.

Natürlich waren sie uns aufgefallen, die tiefen, ringförmigen Abdrücke im Waldboden, die uns letzten Sommer auf verschiedenen Wegen des Forstes begegneten. Sie hatten unsere Fantasie angeregt und uns glauben gemacht, außerirdische Flugkörper, winzige Ufos wären bei Nacht und Nebel gelandet und im Morgengrauen wieder in die Galaxis entschwunden. Heimliche Besucher unseres Waldes, vielleicht vom Hämmern eines Buntspechts erschreckt, von einem naseweisen Dachs vertrieben. Was aber war wirklich geschehen?

Ordnungsgemäß beauftragte Wissenschaftler hatten in den Tiefen des Waldbodens nach Wärmequellen unter den Wurzeln der Waldbewohner geforscht, um eines Tages damit neue Wohnviertel für Familien oder gläserne Kolonien riesiger Gewächshäuser beheizen zu können.

Menschen und Maschinen waren eine Zeit lang jeden Morgen in Eddis Nähe vorbeigezogen und einer der staubigen Lastkraftwagen, die während der notwendigen Messungen durch unseren Wald rumpelten, war mit viel zu hoher Geschwindigkeit durch den schmalen Waldweg an der alten Krippe gepresscht und hatte Eddi umgefahren. Von Eddi war nur der Fuß geblieben, sein Fuß und ein einziger jämmerlicher Ast, der die Fröste des nächsten Winters nicht überstehen würde.

Den ganzen Herbst mieden wir auf unseren Spaziergängen den Weg an der alten Krippe mit Eddis kläglichem Rest und auch am Heiligen Abend gingen wir nicht mit dem silbernen Glöckchen in den Wald.

Wir putzten das Bäumchen, wickelten die Geschenke in festliches Papier und verbargen sie noch einmal bis zum Abend vor neugierigen Blicken und wurden das beunruhigende Gefühl nicht los, dass noch etwas zu erledigen sei. So oft hatten wir an Weihnachten den Wacholder beschenkt, dass es ein Brauch geworden war, der uns nun fehlte. Natürlich würden wir einen neuen Wacholder an den schmalen Weg bei der alten Krippe pflanzen, aber das ging frühestens im März und bis März war es noch schrecklich lange hin …

Und so haben wir, uns zum Trost und Eddi zum Gedenken, an diesem Nachmittag für alle, die Weihnachten, Kinder und stachlige Wacholder lieben, die Geschichte dieses Säulenwacholders – botanisch Juniperus communis – aufgeschrieben, der ein Weihnachtswacholder gewesen war und unser Freund.

Edith Schreiber-Wicke
Weihnachtspost

Novalis saß am Fenster und schaute den Schneeflocken zu. Sie sahen hübsch aus, aber er wusste genau: Wenn man sie fing, waren sie erst kalt, dann nass und dann weg. Außerdem musste man dazu ins Freie gehen und dort war es derzeit äußerst ungemütlich. Es machte mehr Spaß, im warmen Zimmer zu sitzen und die wirbelnden Dinger mit den Augen zu verfolgen.

Tina kam, um Novalis zu streicheln. Ein wenig ungeduldig wich er aus. Dass die Menschen nie bemerkten, wenn eine Katze anderwärts beschäftigt war … Besonders die ganz kurzen Menschen, wie Tina einer war.

»Ich schreib einen Brief ans Christkind«, sagte Tina zu Novalis. »Weil ich mir nämlich eine Menge Sachen wünsche. Und die muss man dem Christkind aufschreiben, sonst vergisst es womöglich etwas.«

Novalis hörte aufmerksam zu. Das interessierte ihn. Wünsche hatte er nämlich auch.

Tina nahm ein Stück Papier und begann blaue Zeichen draufzumalen.

Novalis hätte gern gewusst, wer dieses Christkind war. Und wo. Und warum es Wünsche erfüllte. Jedenfalls musste es ziemlich schlau sein, wenn es die Zeichen verstehen konnte, die Tina aufs Papier kritzelte. Novalis schaute mit schief gelegtem Kopf zu.
Ich will auch einen Brief schreiben, dachte er. Und er begann in Gedanken zu formulieren:

Wertes Christkind,

wenn Du wirklich so lieb bist, wie allgemein behauptet wird, dann ersuche ich Dich höflich um die Erfüllung folgender Wünsche:
1. Keine verschlossenen Türen mehr im Haus. Ich hasse Türen, die zu sind.
2. Öfter mal Fisch zum Frühstück – oder auch zum Abendessen. Ich liebe Fisch.
3. Das Wichtigste: Schick mir einen Kollegen. Menschen sind ganz nett, aber eben doch nur Menschen. Und gelegentlich will man kätzisch reden.

Es reicht Dir die Pfote zum Gruß und Dank
Novalis, derzeit einziger Kater hier.

So, dachte Novalis. Jetzt muss ich nur noch Zeichen auf ein Papier bringen. Das gehört offensichtlich dazu.

Er versuchte es mit einem von Tinas Schreibstiften. Aber das Ding war nicht für Katzenpfoten gedacht. Es rollte über den Tisch und fiel auf den Boden.
Tina sagte etwas Unfreundliches zu Novalis.
Beleidigt ging Novalis ins Nebenzimmer. Einer von den großen Menschen saß da und zeichnete schwarze Striche auf ein weißes Papier. Die schwarze Farbe kam aus einem kleinen Tiegel, wie Novalis feststellte. Papier lag

auch genug herum. Vorsichtig tauchte Novalis eine Pfote in den Tiegel und setzte sie dann auf weißes Papier.
»Ausgesprochen schön«, stellte er fest. »Das wird dem Christkind bestimmt gefallen.«
Die laute, aufgeregte Stimme des Menschen schreckte ihn aus seiner Beschäftigung. »Lass das, du Untier. Troll dich da! Ausgerechnet ans Tuschfass muss er! Dieser Kater kostet mich meine letzten Nerven!«
Novalis flüchtete und reinigte seine schwarze Pfote am Vorzimmerteppich. Menschen!, dachte er verstimmt. Haben einfach von nichts eine Ahnung.
Grollend zog er sich unter ein Sofa zurück und versuchte seine noch immer schwarze Pfote mit der Zunge zu säubern.

Auf einer geräumigen Wolke saßen mehrere Engel und sortierten Briefe.
»Was sich die Menschen so alles wünschen!«, sagte einer der Engel kopfschüttelnd.
»Weiß jemand, was ein Computerspiel ist?«, rief ein anderer.
»Keine Ahnung«, sagte ein dritter. »Noch nie gehört. Wie ich neu hier war, haben sich die Kinder Märchenbücher und Zuckerwerk vom Christkind gewünscht. Allerhöchstens einmal warme Winterschuhe.«

»Oh, was haben wir denn da?« Einer der Engel hob ein weißes Papier mit schwarzen Pfotenabdrücken hoch. »Der Absender muss eine Katze sein. Das kommt nicht oft vor. Kann jemand zufällig die Katzenschrift lesen?«
»Der Oberpostengel, soviel ich weiß«, rief jemand.
Und so landete der Brief mit den schwarzen Pfotenspuren auf einer rosaroten Eilwolke, die für den Oberpostengel bestimmt war.

»Du lieber Himmel, ein Brief von einer Katze! So was hab ich zuletzt vor mehr als dreihundert Jahren in den Händen gehabt«, brummte der Oberpostengel. Er setzte eine goldgefasste Brille auf und studierte eine Weile die schwarzen Spuren auf dem Papier. »Keine Chance«, murmelte er schließlich, »das muss an allerhöchster Stelle erledigt werden.« Und er gab den Brief einem Express-Engel mit, der soeben vorbeiflog.

Das Christkind nahm gerade einen Stapel Post aus dem Fach mit der Aufschrift »Unmögliches«. So ganz nebenbei fiel sein Blick auf das Blatt Papier, das der Express-Engel abgegeben hatte. Das Christkind lächelte … Wenig später lag der Wunschzettel, den Novalis geschrieben hatte, in der Abteilung »Genehmigt«. Versehen mit der eigenhändigen, allerhöchsten Unterschrift.

Novalis war wieder einmal beleidigt. Sie ließen ihn nicht auf den Tannenbaum klettern, den sie im großen Zimmer aufgestellt hatten. Sie schimpften, weil die Silberbälle alle zerbrochen waren. Er hatte doch nur ausprobiert, ob wenigstens einer hüpfen konnte. Und von den Glitzerfäden am Baum war ihm schrecklich schlecht geworden. Jetzt lag er unter dem Sofa und nahm übel.

Weihnachten ist blöd, dachte er. Nie wieder schreib ich dem Christkind einen Brief.

Die großen Menschen stapelten Pakete rund um den Tannenbaum. Es raschelte interessant und Novalis kam unter dem Sofa hervor. Aber jetzt war es ihnen wieder nicht recht, dass er anfing auszupacken. Obwohl er das mit seinen Krallen wirklich hervorragend konnte.

»Das ist kein Kater, das ist eine Katastrophe«, sagte einer der Menschen.

Novalis verstand nicht genau, was damit gemeint war. Aber dass es nichts Freundliches war, merkte auch der dickfelligste Kater. Und Novalis war nicht besonders dickfellig.

Er ging, um bei Tina Trost zu suchen. Die Zimmertür war wieder einmal zu. Auch das noch. Und niemand reagierte auf seine empörte Beschwerde. Zur Strafe kratzte er am Spannteppich. Dann legte er sich in eine Schachtel unter dem großen, gemauerten Ofen und beschloss Weihnachten zu verschlafen. Nach Katzenart schlief er auch tatsächlich sofort ein. Novalis wachte von Tinas Rufen auf. »Novalis ist weg. Ich find ihn nirgends«, beklagte sie sich. »Ohne ihn kann man doch nicht Weihnachten feiern.«

Novalis fühlte sich verstanden, gähnte zufrieden und kam aus seinem Versteck.

»Wir lesen noch eine Weihnachtsgeschichte, bis es ganz dunkel ist«, sagte einer der großen Menschen.

»Komm zuhören, Novalis!«, rief Tina. »Geschichten sind fein.«

Na gut, weil Weihnachten ist, dachte Novalis friedfertig und legte sich neben Tina aufs Sofa. Der Mensch mit der tiefen Stimme begann aus einem dicken Buch vorzulesen.

Den Anfang der Geschichte versäumte Novalis, weil er versuchte eine Fliege zu fangen. Aber dann hörte er zu. Es war alles ganz furchtbar traurig. Nirgends wollte man Josef und Maria einen Schlafplatz und was zu essen geben. Wo es doch so kalt draußen war. Novalis war nicht ganz sicher, ob mit Josef und Maria Menschen oder Katzen gemeint waren. Das machte aber auch keinen Unterschied. Nicht einmal einen Menschen durfte man bei so einem Wetter fortjagen! Er schüttelte sich bei dem Gedanken an Schnee, Kälte und Hunger.

»Seid barmherzig, lasst uns ein«, las der große Mensch.

Novalis stellte die Ohren auf. Irgendwas scharrte an der Tür. »Packt euch fort, hier ist kein Platz für euch«, las der Mensch weiter.

Diesmal war das Geräusch an der Tür nicht zu überhören.

»Passt ja direkt zur Geschichte«, sagte der Mensch.

Er legte das Buch weg und ging hinaus, um nachzuschauen.

»Seht einmal, was da draußen war«, sagte der Mensch, als er wieder hereinkam. Er setzte ein struppiges, nasses Etwas auf den Fußboden, das sich zunächst einmal kräftig schüttelte und dann dreimal nieste.

Das könnte eine Katze werden, wenn es trocknet, dachte Novalis. Er ging schnuppernd näher. Das nasse Etwas nieste wieder und wich vor Novalis zurück.

»Kommst du vom Christkind?«, fragte Novalis.

»Kenn ich nicht«, sagte das Nasse. »Ich geh am besten wieder.«

»Kommt nicht in Frage«, brummte Novalis. »Du bist mein Weihnachtsgeschenk.«

»Ich koche Fisch für die Katzen«, sagte der Mensch mit der hellen Stimme.

Noch ein Geschenk, staunte Novalis. Nie wieder schimpf ich auf Weihnachten.

Nach einer Weile kam der Mensch mit der hellen Stimme wieder und sagte zu dem mit der dunklen Stimme: »Hast du schon bemerkt? Im ganzen Haus kann man die Türen nicht mehr zumachen. Sie klemmen oder so was Ähnliches.«

Also gründlich ist es. Das muss man dem Christkind wirklich lassen, dachte Novalis.

Ingrid Uebe
Warten aufs Christkind

Paul und Pia sitzen am Fenster. Sie sitzen und warten, ganz still. Draußen ist es dunkel, drinnen auch.
Da geht die Tür auf. Mama schaut herein und schüttelt den Kopf. »Was macht ihr denn da, so im Dunkeln?«
Paul sagt: »Wir warten.«
Pia ergänzt: »Wir warten aufs Christkind.«
Mama lächelt: »Da müsst ihr aber noch lange warten.«
»Wie lange noch?«, fragen Paul und Pia.
Mama überlegt einen Augenblick. Dann sagt sie: »Noch achtundzwanzigmal schlafen!«

»Heute?«, fragt Paul.
»Ja, heute!«, sagt Pia.
Heute ist Sonntag und am Abend dürfen sie die erste Adventskerze anzünden. So ein kleines Licht! So ein schönes Licht! Am Christbaum werden viele Kerzen brennen, mehr, als man zählen kann. Ein leuchtendes

Wunder werden sie sein. Aber vielleicht leuchtet die erste Kerze am wunderbarsten von allen.
»Singen wir was?«, fragt Papa.
»Na, sicher«, sagt Mama, »wir alle zusammen. Hoffentlich habt ihr nicht alles vergessen!«

Mama ruft aus der Küche: »Wer will mir helfen?«
Paul und Pia machen die Tür auf.
Mama steht am Tisch. Und auf dem Tisch ...
»Guck mal, Pia!«, ruft Paul. »Mehl und Butter und Zucker!«
»Und Eier«, ruft Pia, »und Honig und Nüsse und Schokolade!«
Mama stellt die große Schüssel dazu.
Paul und Pia gucken sich an.
Dann fragen sie beide: »Backen wir Plätzchen?«
Mama nickt. »Drei Wochen vor Weihnachten wird es Zeit. Findet ihr nicht?«
Ja, Paul und Pia finden das auch.

Pia sucht ihre Schuhe: »Meine allerschönsten!«, sagt sie.
Paul sucht auch seine Schuhe. »Meine allergrößten!«, sagt er. Er ist ziemlich schlau für sein Alter.
Morgen kommt der Nikolaus. Da ist es schon wichtig, welche Schuhe man vor die Tür stellt.

»Hör mal«, sagt Pia, »wir nehmen lieber die Stiefel!«
»Hm«, macht Paul, »aber deine sind größer als meine.«
Sie überlegen ein Weilchen. Dann tauschen sie einen Stiefel von Pia gegen einen von Paul.
Das ist eine gute Idee!

Paul und Pia proben fürs Krippenspiel. Sie sind zwei Kinder von vielen. Paul ist ein Hirtenknabe, Pia ist ein König aus dem Morgenland. Paul trägt eine kratzige Pudelmütze, Pia trägt eine goldene Krone. Paul ist arm, Pia ist reich. Im Stück haben sie nichts miteinander zu tun. Aber sie singen dasselbe Lied: »Kommet, ihr Hirten, ihr Männer und Fraun! Kommet, das liebliche Kindlein zu schaun!«
Am Heiligen Abend werden ihnen viele Leute zuschauen und zuhören.

Pia zupft an Mamas Ärmel. Paul zieht an Mamas Hand. Mama soll mit vor das Schaufenster. Was es da alles gibt! Bären, die Karussell fahren. Hasen, die Schlittschuh laufen. Igel, die kochen. Und Puppen, die Kaffee trinken. Sterntaler fallen vom Himmel. Frau Holle schüttelt die Betten aus. Und Kasperl verhaut den Teufel.
»Weißt du, was ich jetzt möchte?«, fragt Pia.
»Ja«, sagt Paul, »bestimmt dasselbe wie ich. Einfach durch die Scheibe!«

Paul und Pia sitzen im Kinderzimmer. Zuerst schreiben und malen sie ihre Wunschzettel. Dann basteln sie Geschenke. Wenn einer hereinwill, rufen sie: »Geheimnis! Geheimnis!«

Mama und Papa, Oma und Opa finden, dass selbst gemachte Geschenke ganz einmalig sind.
Paul hat ein Lesezeichen gebastelt, Pia ein Fensterbild.
»Was machst du jetzt?«, fragt Paul.
»Einen Stern«, sagt Pia.
»Ich auch!«, nickt Paul.
Na gut. Dann basteln sie jetzt eben zwei ganz einmalige Sterne!

Papa steht mit Paul und Pia zwischen lauter Tannenbäumen auf dem kleinen Platz vor der Kirche. Welchen Baum sollen sie kaufen? Den allerschönsten natürlich!
Lange müssen sie suchen. Endlich sind sie sich einig. Ja, der ist es! Der und kein anderer! Papa bezahlt ihn. Paul und Pia halten ihn fest.
»Warte nur, Tannenbaum«, flüstert Pia in seine Zweige. »Bald stehst du im Wohnzimmer. Bald wirst du geschmückt. Du musst nur noch siebenmal schlafen!«

Pia und Paul liegen im Bett. In Pias Bett. Alle beide.
Morgen! Morgen ist es so weit! Nur noch ein einziges Mal müssen sie schlafen! Doch sie können nicht schlafen. Sie müssen noch reden und kichern und tuscheln.

Mama kommt und sagt: »In zehn Minuten ist aber Schluss! Dann liegt jeder in seinem eigenen Bett!«
Paul und Pia versprechen es. Dann reden und tuscheln und kichern sie weiter. Sie stecken die Köpfe ganz dicht zusammen.
Als Mama das nächste Mal kommt, schlafen sie wirklich. In Pias Bett. Alle beide.

Den ganzen Tag hat es geschneit. Nun dämmert der Heilige Abend. Alle gehen zur Kirche. Pia und Paul, Mama und Papa, Oma und Opa. Vom Turm läuten die Glocken. Hell leuchten die Fenster. Die Tür steht offen.
»Pia«, sagt Paul, »kannst du das Lied vom Krippenspiel noch? Ich habe den Rest der dritten Strophe vergessen.«
»Ich nicht!«, sagt Pia. Und dann singt sie ihm vor: »Nun soll es werden Friede auf Erden, den Menschen allen ein Wohlgefallen. Ehre sei Gott!«

Das Glöckchen klingelt. Die Tür geht auf. Alles wird hell. Paul und Pia stehen da und staunen.
Oh wie schön ist der Christbaum!
»So schön wie noch nie«, sagt Oma. »Da braucht man gar keine Geschenke.« Meint sie das ernst? Nein, neben dem Baum erhebt sich wie jedes Jahr unter weißem

Tuch ein kleines Gebirge mit Buckeln und Ecken und Kanten. Das sind die Geschenke für Pia und Paul.
»Siehst du«, sagt Paul, »das Christkind war da. Ich habe es ja gewusst.«
Das Christkind war da und ist schon wieder weg.
»Schade«, sagt Pia ein bisschen enttäuscht.
Opa zeigt auf die Fensterbank. Da liegen zwei goldene Bonbons. Die muss das Christkind verloren haben, als es hinausflog mit seinen schneeweißen Flügeln. Paul und Pia stecken die Bonbons gleich in den Mund.
»Mhm, lecker!«, sagt Paul. »Außen Gold und innen aus Schokolade. Richtige Himmelsbonbons!«
Aber nun wollen sie singen. Wer nicht singt, bekommt auch keine Geschenke.

So, jetzt weg mit dem Tuch! Zum Vorschein kommen lauter Pakete in buntem Papier und mit Schleifen. Das gibt noch viel Arbeit für Pia und Paul. Nur zwei Dinge sind auf den ersten Blick zu erkennen.
»Ein Fahrrad!«, jubelt Pia.
»Ein Kasperltheater!«, jauchzt Paul.
Ja, das haben sie sich am allermeisten gewünscht. Pia steigt gleich in die Pedale. Dann probiert sie die Klingel aus. Und Paul? Paul ist verschwunden. Dafür schiebt Kasperl den Vorhang zur Seite und ruft: »Fröhliche Weihnachten alle zusammen!«

Edith Schreiber-Wicke
Aurelius

»Zimm«, machte der Engel Aurelius auf seiner Harfe. »Zimm, zilimm.«

»Hallelujah!« Der diensthabende Oberengel blieb neben Aurelius stehen.

»Halleluja«, antwortete Aurelius höflich. Denn Engel sind immer höflich.

»Was machst du heuer zu Weihnachten?«, fragte der Oberengel.

»Ich weiß noch nicht«, antwortete Aurelius. »Vielleicht Harfe üben. Ich möchte zum Himmelsorchester.«

»Wir brauchen noch einen Weihnachtsengel auf der Erde«, sagte der Oberengel. »Ich habe an dich gedacht.«

Aurelius legte die Harfe weg und nickte gehorsam. Denn Engel sind immer gehorsam.

»Was habe ich zu tun?«, fragte er den Oberengel.

»Du darfst drei Menschen auf der Erde einen Wunsch erfüllen«, antwortete der Oberengel.

»Nichts leichter als das«, frohlockte Aurelius. Engel frohlocken bekanntlich gern.

Der Oberengel lächelte nur.

Aurelius nahm die nächste Eilwolke zur Erde. Er landete in einer Stadt. Menschen hasteten an ihm vorbei, Autos hupten, eine Straßenbahn klingelte schrill.

»Schau, Mama, ein Engel«, sagte ein kleines Mädchen.

»Das ist nur jemand, der sich als Engel verkleidet hat«, antwortete die Mutter und zog das Kind schnell weiter. Auch sie hatte es eilig.

Aurelius betrat ein Kaffeehaus. An einem der kleinen Marmortische saß ein Mann und hielt den Kopf in die Hände gestützt. Vor ihm lag ein dicker Briefumschlag. Schon wieder hat ein Verlag sein Buch abgelehnt, las Aurelius in seinen Gedanken. Denn Engel können natürlich Gedanken lesen. Wie gut, dass ich gekommen bin, dachte Aurelius.

»Sie wünschen?«, fragte er den Mann, der düster den Brief anstarrte.

»Tee mit Zitrone«, sagte der Mann, ohne aufzuschauen.

»Haben Sie denn keinen anderen Wunsch?«, fragte Aurelius eindringlich.

Der Mann schaute noch immer nicht auf. »Ich hab doch schon gesagt, Tee mit Zitrone«, wiederholte er ungeduldig.

Aurelius seufzte und dachte eine Tasse Tee mit Zitrone auf den kleinen Marmortisch. Ein Kaffeehaus, dachte er gleichzeitig, ist wohl doch nicht der richtige Platz für einen Weihnachtsengel.

Lange schlenderte Aurelius unschlüssig durch die Straßen. Schließlich hörte er Kinderstimmen aus einem großen, grauen Haus. *Volksschule* stand über dem Eingang. Aurelius öffnete die Tür und ging einen langen Gang entlang.

Die Kinder hatten gerade Pause. Sie aßen belegte Brote oder Wurstsemmeln und tranken mit Strohhalmen Milch oder Kakao. Ein paar Kinder drehten sich nach Aurelius um und kicherten.

»Der ist bestimmt vom Gymnasium drüben. Da proben sie ein Weihnachtsspiel«, sagte jemand.

Aurelius hörte leises Schluchzen. In einer Klasse saß ein Kind mit verheultem Gesicht.

»Hallo, Klaus, hast du Kummer?«, fragte Aurelius.

Klaus schaute Aurelius erstaunt an. »Bist du vom Schülertheater?«

»Nein, ich bin einer von den Himmlischen«, antwortete Aurelius. »Du darfst dir etwas wünschen.«

»Ich bin doch nicht blöd und glaub so was«, sagte Klaus.

»Hab ich nicht auch deinen Namen gewusst?«, gab Aurelius zu bedenken.

Klaus überlegte kurz. »Steht doch da auf meinem Heft«, sagte er dann.

»Du hast einen Wunsch frei. Versuch's doch«, drängte Aurelius.

»Na los, du Scherzbold. Dann verwandle mein *Nicht genügend* in ein *Sehr gut*«, verlangte Klaus und schob Aurelius sein Diktatheft entgegen. Da waren fast so viele Fehler wie Wörter.

»Noten sind doch unwichtig«, sagte Aurelius. »Gibt es denn nichts Wichtigeres, das du dir wünschst?«

»Ich hab mir gleich gedacht, dass du's nicht kannst«, sagte Klaus.

Seufzend berührte Aurelius die Heftseite.

Null Fehler. Sehr gute Arbeit stand da plötzlich mit Rotstift geschrieben. Im Diktat war kein einziger Fehler mehr. Sprachlos starrte Klaus auf die schön geschriebenen Zeilen. Als er wieder aufschaute, war Aurelius verschwunden.

Es war dunkel geworden.

Nachdenklich ging Aurelius an den weihnachtlich geschmückten Auslagen vorbei. Er schüttelte unzufrieden den Kopf. Einmal Tee mit Zitrone und ein *Sehr gut* im Diktatheft ... Mit dem letzten Wunsch würde er achtsamer umgehen. Plötzlich hörte er eine verzweifelte Stimme durch die dicken Wände eines Hauses. Denn natürlich können Engel durch Wände hören. Aurelius

ging der Stimme nach. Durch eine Wohnungstür im ersten Stock konnte man die Stimme ganz deutlich hören. Auch wenn man kein Engel war.
»Wenn ich nur wüsste, was ich machen soll. Es ist zum Verzweifeln!«, jammerte die etwas schrille Stimme.
Aurelius läutete. Die Tür wurde sofort aufgemacht.
»Na, endlich sind Sie da«, sagte eine rundliche kleine Frau mit rotem Gesicht, ohne Aurelius anzusehen. »Fangen Sie gleich an die Brötchen anzubieten.«
»Brötchen?!« Aurelius war verwirrt.
Jetzt schaute ihn die rundliche kleine Frau an.
»Bringen Sie nicht die Brötchen für unsere Weihnachtsfeier?«, fragte sie entsetzt. »Ja, was wollen Sie denn dann? Und warum sind Sie verkleidet, um Himmels willen?«
»Um Himmels willen«, bestätigte Aurelius. »Ich bin hier, um Ihnen einen Wunsch zu erfüllen.«
»Sie sehen doch, Sie stören«, sagte die Frau nervös. »Das ist eine private Weihnachtsfeier.«
Es läutete wieder an der Tür. Diesmal waren es die Brötchen. Drei Kellner reichten üppig beladene silberne Teller herum. Die Brötchen waren kunstvoll verziert. Die Frau bot Aurelius eins an, aber er lehnte dankend ab. Engel essen keine Brötchen.
»Haben Sie denn keinen Wunsch?«, fragte Aurelius die Frau.

Ein paar Gäste kamen näher und hörten zu.
»Wir haben hier einen Weihnachtsengel«, rief die Frau.
»Hat zufällig irgendjemand einen Wunsch?«
Die Gäste lachten und redeten durcheinander.
»Er soll beweisen, dass er ein echter Engel ist!«, rief ein Gast laut. »Vielleicht schweben oder was Engel halt so tun.«
»Ihr vergeudet eine Gelegenheit, die vielleicht nie wieder kommt«, sagte Aurelius eindringlich.
»Wunsch ist Wunsch«, rief der Gast störrisch.
»Jawohl, Beweise«, forderte jemand anderes lachend.
Aurelius war mit seiner Engelsgeduld am Ende. Er hob die linke Hand. Farbige Lichtstrahlen breiteten sich rund um ihn aus und wurden zu einem intensiven Leuchten. Einen Augenblick blieb Aurelius so stehen. Dann schwebte er durch das geschlossene Doppelfenster in die dunkle Winternacht. Wie eine Sternschnuppe verglühte das Licht am nachtschwarzen Himmel.

»Frohe Weihnachten, lieber Aurelius«, rief der Oberengel zur Begrüßung. »Heuer bin ich Weihnachtsengel für die Himmlischen. Du hast einen Wunsch frei.«
»Halleluja!«, frohlockte Aurelius. Leise und fast richtig begann er *Stille Nacht* auf seiner Harfe zu spielen.
»Dein Wunsch?«, fragte der Oberengel.
»Nie wieder Weihnachtsengel«, sagte Aurelius.

Ursula Kirchberg

Die Heiligen Drei Könige auf ihrem Weg nach Bethlehem

Es war einmal ein Stern, der leuchtete heller als alle anderen. Seine Strahlen trafen auch auf ein prächtiges Schloss. Darin lebte ein König, der ungeheure Schätze sein Eigen nannte. Als dieser den hellen Lichtschein, der durch das Fenster fiel, gewahrte, nahm er sein kostbarstes Gefäß aus der Schatztruhe und füllte es bis zum Rand mit Gold und Silber. Dann griff er nach seinem pelzbesetzten Mantel, ließ sein Pferd satteln und machte sich, ohne zu zögern, auf einen Weg mit unbekanntem Ziel. Der Stern am Himmel ging vor ihm her.

Während der König mit seinen Geschenken durch das Bergland ritt, näherte sich ihm ein zweiter König aus einem weiten Tal des Nachbarreiches auf seinem Kamel. Auch er war dem Stern gefolgt und hielt ein glänzendes Kästchen in seinen Händen.

Die beiden Reiter verbeugten sich voreinander und zogen gemeinsam weiter durch die Nacht.

Ein dritter König aus einem nahe gelegenen Reich stieß zu ihnen und begleitete sie mit seiner golden funkelnden Gabe auf dem sternhellen Weg. In tiefem Nachdenken versunken ließen die drei Weisen aus dem Morgenland sich von ihren Reittieren tragen. Sie achteten nicht darauf, dass die Dornen der wilden Rosen ihre Gewänder zerrissen, ja vielleicht merkten sie es nicht einmal.

Endlich waren die Könige am Ziel. Unter dem strahlenden Stern fanden sie einen halb verfallenen Stall. Hell schien das Licht durch die Löcher im Dach.

Darunter aber lag in der Krippe ein neugeborenes Kind. Ein Mann und eine Frau saßen still daneben. Auch Ochs und Esel rührten sich nicht.

Die Könige blickten auf das Lager mit dem Kind. Im Licht des hellen Sterns schien es selbst ein König zu sein, mit einem goldenen Schimmer über dem Kopf und dem leuchtenden Granatapfel in der Hand.

»Ein Wunder«, sagte der jüngste der Könige leise.

Alle drei geboten ihren Reittieren stillzustehen und senkten selbst die Köpfe.

Ursula Wölfel
Wie alle Jahre

Damals feierten wir zum letzten Mal Weihnachten in unserem alten Haus an der Kaiser-Friedrich-Straße. Ich war fünf Jahre alt und ich wünschte mir nichts so sehr wie ein Kasperltheater mit einem Vorhang, den man auf- und zuziehen konnte. Das hatte ich bei Lottis Bruder Herbert gesehen. Einmal gab es auf der kleinen Bühne auch ein rotes Feuer, das brannte mit Dampf und Zischen, und der Vorhang mit der Zugschnur brannte mit. Die Zuschauer schrien, aber Lottis Mutter schüttete das Wasser aus der Blumenvase über die Flamme und die Zuschauer klatschten.
»Das war kein schlimmes Feuer«, sagte Herbert. »Nur ein bengalisches Theaterfeuer.«
Seitdem wünschte ich mir solch ein Puppentheater zu Weihnachten. »In diesem Jahr gibt es bei uns keine großen Geschenke«, sagte Mutter. »Du bist auch noch zu klein für ein richtiges Kasperltheater«, und Vater nickte dazu.
Aber ich dachte an dieses Theater mit solcher Kraft und

Sehnsucht, dass ich es vor mir sah, als gehörte es mir schon: Grün müsste das kleine Haus gestrichen sein, in dem ich sitzen würde. Rot sollte der Vorhang sein und blau die Zugschnur und das Bühnenbrett. Ich malte mit meinen Buntstiften jeden Tag ein schöneres grün-rot-blaues Kasperltheater.

Mirjam, die große Schwester, sagte: »Hör mir zu, Spätzchen. Ich soll mit dir sprechen, hat Mutter gesagt. Solch ein Theater ist teuer und die Eltern haben in diesem Jahr zu wenig Geld. Wir müssen unser Haus verkaufen.« Mirjam war sechzehn Jahre alt und die Eltern sprachen mit ihr über alle Familiensorgen.

Wolfgang sagte: »Das Kasperltheater vom Herbert ist beinahe so hoch wie eine Tür. Wenn du damit spielen willst, musst du auf einen Stuhl klettern. Der kippt um und die Zuschauer lachen dich aus. Also: Mach den Eltern keinen Kummer, die haben schon genug davon.« Wolfgang war vierzehn Jahre alt und ich glaubte immer, was er sagte – aber diesmal nicht. Nie würde ich vom Stuhl fallen und nie würden die Eltern unser Haus verkaufen. Wo sonst sollten wir denn wohnen?

»Wir mieten eine Wohnung«, sagte Eva. »Mutter hat es mir gesagt. Vielleicht kann ich deshalb auch keine neue Flöte bekommen.« Eva war zwölf Jahre alt und sie musste schon genauso vernünftig sein wie die Großen.

»Ihr seid alle blöd!«, rief ich und weinte.
»Sei nicht traurig, Spätzchen!«, sagte Mirjam. »Die Eltern schenken dir bestimmt etwas anderes Schönes.«
Aber ich konnte mir nichts anderes Schönes vorstellen.
»Du wolltest doch eigentlich einen Puppenherd haben?«, fragte Eva.
Aber jetzt wollte ich keinen mehr. Immer nur Pudding oder Suppe kochen? Nein, ich brauchte ein Kasperltheater.

Wolfgang sagte: »Es gibt jetzt Roller mit doppelten Kugellagern in den Rädern. Damit könntest du flitzen! Schneller als alle anderen!«

Immer nur um den Block rollern? Langweilig. Auf meiner Kasperlbühne würde ich jeden Tag ein anderes Spiel aufführen.

Sonntags kam Tante Hede zu Besuch, eine von Mutters fünf Schwestern. Sie war sehr lieb und sehr fromm. Natürlich erzählte ich ihr gleich von meinem Kasperltheater und beklagte mich bei ihr, weil alle anderen mir den großen Wunsch ausreden wollten.

»Die Eltern sind traurig, weil sie euch nicht alle Wünsche erfüllen können«, sagte die Tante.

»Und das Christkind?«, fragte ich. »Meine Freundin Lotti bekommt ihre Weihnachtsgeschenke immer vom Christkind. Ich nicht. Mutter will es nicht.«

Tante Hede wusste, warum das so sein musste. »Weil das Christkind noch viel, viel ärmer ist als deine Eltern«, sagte sie. »Wie soll es ein teures Kasperltheater bezahlen?«

Von nun an redete ich mit keinem mehr über das Kasperltheater. Ich wollte ihre Meinungen nicht mehr wissen.

Ich räumte meine alte Spielzeugkiste aus und stellte sie bereit für die Handpuppen, die zu meinem Theater gehören würden. Unter der Nähmaschine fand ich Reste von buntem Stoff. Nähte Mutter schon Kostüme für meine Theaterpuppen?

Vater und Wolfgang leimten und schraubten im Keller die Lehnen und Beine an alten Stühlen fest. In diesen Weihnachtsferien wollten die Großen noch einmal alle ihre Freunde einladen, alle Wandervogel-Freunde und alle Schulfreunde. Man würde viele Stühle brauchen, sagte Mutter. Ich dachte: Oh ja! Auch für meine Kasperl-Aufführung! So gern hätte ich mit ihr darüber gesprochen. Wenn sie aber wieder »Nein!« sagen würde?

Dann kam endlich der vierundzwanzigste Dezember. Schon bei der ersten Dämmerung saßen wir Geschwister in Sonntagskleidern vor der Tür zum Wohnzimmer. Die Eltern hatten sich dort eingeschlossen, man hörte sie hin und her gehen, leise reden und lachen und mit Papieren rascheln.

Eva sagte: »Jetzt packen sie die Pakete von den Tanten aus!«

Die Tantenpakete zu Weihnachten waren immer sehr wichtig. Wir hatten im Ganzen sechzehn Tanten, das waren Mutters fünf Schwestern und ihre elf sehr guten Freundinnen. Alle schickten Weihnachtspakete mit Büchern oder Spielen oder schönen Kleidern und mit vielen besonders guten Süßigkeiten. Natürlich wussten sie nicht, was man für ein Kasperltheater braucht.

Trotzdem freute ich mich auf die Tantengeschenke. Und wenn ich womöglich doch kein Kasperltheater bekäme –?

In diesem Augenblick musste ich zum ersten Mal diesen Gedanken denken. Er kam wie ein Blitz, ein großer Schrecken. Ich wollte ihn wieder auslöschen, aber er saß fest, er blieb, er wuchs in mir.

Mirjam stimmte Mutters liebstes Weihnachtslied an: »Kommet ihr Hirten, ihr Männer und Fraun!«

Ich konnte nicht mitsingen. Der Zweifelgedanke nahm mir die Luft. Wann endlich würde das Glöckchen läuten?

Nach der ersten Strophe rief Mutter von drinnen: »Sehr schön! Weiter!«

Die Geschwister fingen wieder von vorn an und sangen die ganze erste Strophe und auch die zweite. Wieder konnte ich nicht mitsingen.

Vater kam an die Tür: »Nur noch eine Viertelstunde«, sagte er. »Singt weiter! Das ist schön für uns, wenn wir euch singen hören.«

Aber wie lange dauerte eine Viertelstunde? Eine endlose Zeit. Und ich musste doch in diesem, diesem, diesem Augenblick wissen, was hinter der Tür auf mich wartete: mein Kasperltheater? Oder kein Kasperltheater?

Das Glöckchen sollte läuten, sofort!

Ich lief zur Tür und klopfte einmal, dreimal, fünfmal und rief: »Aufmachen! Bitte, bitte, aufmachen! Schnell!«

»Bald sind wir fertig!«, rief Mutter. »Ganz bald!«

Mirjam nahm mich auf den Schoß. »Armes Spätzchen«, sagte sie. »Ich erzähl dir etwas von Weihnachten, als ich so alt war wie du.«

»Nein, vom Kasperltheater!«, sagte ich.

Ich rutschte von Mirjams Schoß, rannte wieder zur Tür und trommelte jetzt mit den Fäusten: »Ich will rein, ich will rein! Ich will rein, rein, rein!«

Wolfgang packte mich am Arm, so fest, dass es wehtat, und schüttelte mich und ich spürte, wie wütend er war.

Ich brüllte weiter, ließ mich fallen und trampelte mit den Füßen gegen das Holz: »Aufmachen! Aufmachen!«

»Ursel!«, rief Mirjam, streng wie sonst nie. »Steh auf, steh sofort auf!«

»Nein!«, schrie ich und trampelte weiter.

Da stand Vater an der Tür. Er zog mich hoch, nahm meine Hand und sagte: »Komm!«

Leise, freundlich und ernst sagte er das. Er schob mich ins Wohnzimmer und zog die Tür wieder zu.

Nun war ich also im Weihnachtszimmer. Aber da war kein Kerzenlicht. Der Weihnachtsbaum stand dunkel in seiner Ecke. Manche Kerzen hingen schief in den Haltern. Mutter faltete Papiere zusammen und sah mich nicht an.

Vater führte mich an einen niedrigen Tisch. »Hier sind deine Geschenke«, sagte er. »Du kannst das Tuch jetzt wegnehmen.« Er ließ mich dort stehen und ging zu Mutter und räumte mit ihr Kartons und Holzwolle zusammen.

Es gab vier solche zugedeckten Tische, wie in jedem Jahr. Dies war also mein Weihnachtstisch. Aber ich nahm das weiße Tuch nicht weg. Etwas Großes war nicht darunter. Das hatte ich schon gesehen. Anderes war nicht wichtig.

Ich setzte mich vor dem Tisch auf den Fußboden, mit dem Rücken zur Tür.

Draußen war es still, die Großen sangen nicht mehr.

Auch hier im Zimmer war es still. Die Eltern redeten und lachten nicht mehr. Sie flüsterten nur manchmal miteinander: »Sind das jetzt alle Kartons?« – »Ja. Man kann sie morgen wegbringen.« – »Die Streichhölzer liegen auf dem Regal.« – »Das Glöckchen?« – »Nimm du es. Ich mag nicht.«

Das sagte Mutter. Sie wollte das Glöckchen nicht läuten. Und ohne das Glöckchen konnte nicht Weihnachten sein.

Über die Schulter sah ich zu, wie Vater die Kerzen anzündete, eine nach der anderen, und mit jeder veränderte sich das Zimmer, es wurde heller, es wurde wärmer, alles glänzte.

»Fertig«, sagte er und ich sah, wie er der Mutter schnell einen Kuss gab, hinters Ohr, in ihre aufgelösten Haarsträhnen, und sie nahm nun das Glöckchen und schüttelte es und draußen sangen die Geschwister mit aller Stimmkraft: »Ihr Kinderlein kommet!«, wie jedes Jahr, und Vater machte die Tür auf und sie kamen herein: Mirjam, Wolfgang, Eva, und alle umarmten sich, Kinder und Eltern, Eltern und Kinder, und alle riefen: »Fröhliche Weihnachten! Fröhliche Weihnachten!«

Ich saß immer noch auf dem Fußboden, allein vor meinem Tisch, und wollte keinen sehen und wartete doch auf sie alle. Ich presste die Augen so fest zu, als könnte ich so die Tränen festhalten.

Jemand fragte: »Vielleicht schläft sie?«

Das war Vater.

»Nö«, murmelte ich.

»Dann sag mal: Wie viel ist drei und drei?« Das war Eva.

»Sechs«, flüsterte ich.

»Auf deiner Nase ist ein Klecks! Zeig mal deine Nase!«

Ich schüttelte nur den Kopf.

»Wisst ihr eigentlich, wer das ist, da unten?«, fragte Mutter.

»Ein Zottelbär im Winterschlaf«, sagte Wolfgang.
»Ein Spätzchen, ein gerupftes«, sagte Mirjam.
»Und ich dachte schon, das wäre die Ursel!«, rief Mutter.
Alle standen bei mir, alle lachten jetzt und riefen: »Fröhliche Weihnachten! Fröhliche Weihnachten!«

Und dann war alles wieder wie alle Jahre: Es roch nach Kerzenwachs und Tannengrün und wie alle Jahre schmorte eine Kerze einen Zweig an, aber Vater und Mutter waren beide schnell dabei und löschten die kleine Glut. Wir besuchten uns gegenseitig an unseren Tischen und betrachteten die Geschenke und stopften uns die Backen voll mit Marzipan und kandierten Früchten und Butterplätzchen aus den Tantenpaketen.
Was auf meinem Tisch unter dem Tuch war? Mein lieber Teddy saß da und Mutter hatte ihm einen bunten Kittel genäht, der war aus dem Stoff, den ich unter der Nähmaschine gesehen hatte. Sie konnte nicht gut nähen, das hatte ihr bestimmt viel Mühe gemacht. Alles andere habe ich vergessen, das war auch nicht so wichtig in diesem Jahr. Wichtig war jetzt nur, dass sie alle da waren, Mutter und Vater, Mirjam, Wolfgang, Eva, und dass ich zu ihnen gehörte.

Edith Schreiber-Wicke
Die Lebkuchenkatze

»Ich wünsche mir aber eine Katze, nur eine Katze und nichts als eine Katze!«, sagte Tina.
»Aber Kind«, sagte Tinas Mutter ein wenig gereizt, »das haben wir doch schon so oft besprochen. Katzen zerfetzen Tapeten, schaukeln an Vorhängen, kratzen am Teppich, werfen Blumenvasen um. Du möchtest doch sicher ein hübsches Zuhause.«
»Ich möchte kein hübsches Zuhause, ich möchte eine Katze«, sagte Tina entschlossen.
»Außerdem kann man sie nicht in den Urlaub mitnehmen«, fuhr Tinas Mutter fort. »Willst du wegen der Katze zu Hause bleiben? Du möchtest doch sicher in den Ferien wieder mit uns ans Meer fahren.«
»Ich möchte nicht ans Meer fahren, ich möchte eine Katze«, beharrte Tina.
»Sei doch vernünftig«, sagte Tinas Mutter.
»Ich will nicht vernünftig sein, ich will eine Katze«, antwortete Tina.
Tinas Mutter knetete mit heftigen Bewegungen ei-

nen braunen, klebrigen Teig. Dann rollte sie ihn flach aus.

»Du darfst die Lebkuchenherzen ausstechen«, sagte sie.

Tina seufzte. Aber sie begann dann doch die Sternform in den weichen braunen Teig zu drücken. Als alle Sterne auf dem Backblech lagen, war noch immer ein bisschen Teig übrig.

»Ich habe eine Idee«, sagte Tinas Mutter. Was sie schließlich aufs Backblech legte, war eine rundliche braune Katze. »Schnurrhaare, Augen und Nase kriegt sie später. Aus Zuckerguss.«

Am Abend, vor dem Schlafengehen, legte Tina die Lebkuchenkatze auf den kleinen Tisch neben ihrem Bett.

»Schlaf gut, Elisa«, sagte Tina.

Irgendwann in der Nacht wachte Tina auf. Mondlicht erhellte das Zimmer. Auf dem Tisch neben Tinas Bett saß eine braun gesprenkelte Katze und putzte sich. Schnurrhaare, Augen und Nase leuchteten hell.

»Das gibt's doch nicht«, flüsterte Tina.

»Wünsche, Mondlicht und Weihnachtszeit«, sagte die Katze. »Die drei zusammen machen vieles möglich.«

»Aber morgen«, sagte Tina. »Wenn der Mond nicht mehr scheint?«

»Wer weiß«, sagte die Katze.

Am nächsten Morgen schaute Tina zuallererst auf den

Tisch neben ihrem Bett. Da lag eine Lebkuchenkatze mit Augen, Ohren und Schnurrhaaren aus Zuckerguss. Tina seufzte.
Als Tina aus der Schule kam, schaute sie gleich auf den Tisch neben ihrem Bett. Da lag eine Lebkuchenkatze mit Augen, Ohren und Schnurrhaaren aus Zuckerguss. Tina seufzte.
Als Tinas Vater am Abend aus dem Büro kam, machte er ein grimmiges Gesicht.
»Was ist los, Ewald?«, fragte Tinas Mutter besorgt.
Tinas Vater machte ein noch grimmigeres Gesicht. Er stellte seinen Aktenkoffer ab und zeigte, was er in der anderen Hand trug. Es war eine Art Picknick-Koffer aus Weidengeflecht. »Ein Weihnachtsgeschenk«, sagte er verdrossen. »Wollt ihr sehen, was drin ist?«
Natürlich wollten Tina und ihre Mutter sehen, was drin war.
Tinas Vater öffnete den Deckel des Picknick-Koffers. Drinnen saß eine braun gesprenkelte Katze. Augen, Nase und Schnurrhaare hoben sich auffallend hell von ihrem dunklen Fell ab.
»Wer, um Himmels willen, schenkt dir eine Katze?«, fragte Tinas Mutter.
»Unser wichtigster Kunde«, sagte Tinas Vater. »Mit den allerbesten Wünschen für eine weitere gute Zusammenarbeit.« Die Katze stieg aus dem Korb, streckte sich

ein wenig und legte sich dann auf die cremefarbenen Seidenpolster.
»Wünsche, Mondlicht und Weihnachtszeit«, sagte Tina leise und streichelte die Katze Elisa.

Max Kruse

Eine Christnacht in München

Grad rechtzeitig vor dem Fest war der Schnee jetzt doch noch gekommen. Es schneite, schneite und schneite. Die Wolken hingen tief und weiß, die Schneeflocken wirbelten groß und weiß – und auf der Straße, auf den Bäumen und Hausdächern lag es dicht und weiß.
Weiße Weihnacht in der Münchner Stadt.
Da freuten sich alle Kinder.
Ungeduldig warteten sie auf die Bescherung. Alle Fenster im Adventskalender waren schon geöffnet, auf dem Abreißkalender in der Wohnstube prangte schon die große Vierundzwanzig – aber es war, als ob sich alle Uhren miteinander verschworen hätten – sie zeigten alle erst die Mittagsstunde und wollten und wollten nicht rascher gehen.
»Bestimmt sind das heute Schneckenuhren!«, sagte die kleine Kristina. Wann, wann endlich würde die Mutter die Tür zum Weihnachtszimmer aufmachen?
»Ich hab genau aufgepasst«, rief Kristinas Bruder Florian. »Seit einer Stunde ist der große Zeiger jetzt nicht

mal fünf Minuten weitergegangen. Es ist furchtbar, einfach fürchterlich!«

Im Weihnachtszimmer raschelte und klapperte es geheimnisvoll. Vater schmückte den Weihnachtsbaum. Sehen konnten es Kristina und Florian zwar nicht, aber das war immer so gewesen. Dafür hörten sie ihn hinter der verschlossenen Tür manchmal halblaut murmeln: »Was meinst, ob hier noch eine rote Kugel hinpassen täte, oder eine gelbe? – Geh, reich mir einmal die Kerzen her, bitt schön. – Gibt es noch Lametta, oder nicht?«

Weil die Kinder gar nicht stillsitzen mochten, schickte sie die Mutter schließlich auf die Straße. Sie ließ sie in die warmen Mäntel schlüpfen und die Wollhandschuhe anziehen. Auf den Kopf bis über die Ohren herab zog sie ihnen die gestrickten Mützen. Eine rote und eine blaue.

»Raus mit euch!«, sagte sie. »Eure Unruhe ist ja nicht zum Aushalten. Geht spielen!«

»Aber was sollen wir denn auf der Straße machen?«, fragte Florian. Er hatte das Gefühl, zu Hause etwas furchtbar Wichtiges zu versäumen.

»Ihr könnt einen Schneemann bauen«, schlug die Mutter vor. »Ihr könnt Schaufenster ansehen, ihr könnt mit anderen Kindern spielen, die auch warten müssen, und ihr könntet den erwachsenen Leuten Pakete und Einkaufstaschen tragen helfen. Denkt einmal daran, dass heut Christnacht ist und wir alle am Heiligen Abend den anderen Menschen eine Freude machen wollen. Gerade die freuen sich am meisten, die es am wenigsten erwarten.«

Ach, aber Kristina und Florian hatten heute gar keine Lust, einen Schneemann zu bauen. Und die Schaufenster der Geschäfte ringsherum kannten sie ja schon in- und auswendig: als ob sie bisher nie hineingeschaut hätten! Ja, was dachte denn ihre Mutter, was sie taten, wenn sie in die Schule gingen oder heimkamen?

Als sie gerade ein wenig fröstelnd mit den Stiefelspitzen im Schnee am Rand des Gehsteiges herumfuhren, sahen sie den alten Tobias Traxl daherkommen. Er kam ganz allein aus dem Hof, in dessen Hinterhaus er wohnte. Die Hände hatte er tief in die Manteltaschen vergraben.

»Grüß di, Tobias«, riefen Kristina und Florian, denn sie kannten den alten Mann, der ihnen öfter mal ein Bonbon oder einen Luftballon schenkte, ganz gut. Na ja, gerade so wie man jemanden kennt, den man manchmal auf der Straße sieht. »Grüß di, Tobias, musst' auch auf d' Bescherung warten?«

»Oh mei«, lachte Tobias Traxl. »Da gibt's nix zum Warten und nix zu bescheren bei mir. Das ist lang her, lasst's mi nachdenken – seit i a Kind war – ja mei – viele, viele

Jahre ist's her, dass mir mei Mutterl den Baum a'zündt hat!«

»Ja«, fragte Kristina erstaunt, »kaufst du dir jetzt selber was Schönes?«

»A geh weiter!« Tobias Traxl lachte wieder. »Was soll i mir denn kauf'n? Nein, i geh a bissl in d' Stadt – unter Menschen. 's Jahr über geht's ja ganz gut, aber wenn der Weihnachtsabend kommt, da g'fallt's mir gar net recht in meiner Stub'n, so allein.«

Er ging. Kristina und Florian schauten ihm erstaunt nach. Jetzt verschwand seine gebeugte Gestalt hinter dem Schneeflockenvorhang.

»Meinst du, dass er jemanden findet, mit dem er den Heiligen Abend feiern kann?«, fragte Kristina.

Florian antwortete ihr nicht. Er dachte nach.

Tobias Traxl fuhr zuerst mit der Straßenbahn auf den Karlsplatz, der auch Stachus genannt wird. Hier sind immer die allermeisten Leute.

Viele Menschen waren auch heute hier. Aber keiner achtete auf ihn. Da stand er nun und wischte sich bedächtig eine tauende Schneeflocke aus dem Nacken unter dem Mantelkragen.

»Tobias Traxl –«, sagte er zu sich selbst, »hier ist es nun wiederum für den heutigen Abend zu laut. Die Leute wirbeln durcheinander wie die Schneeflocken – nur dass alles kreuz und quer geht. Denen muss ja das

Schnaufen schwerfallen – und dazu noch das Gebirg von Paketen, das ein jeder mit sich herumschleppt, ganz egal ob Mann oder Weib – oh mei – und so abgehetzt wollen die den Heiligen Abend feiern? Ja, pfü Gott, die pfeifen ja wie ausgeleierte Drehorgeln beim Stille-Nacht-Heilige-Nacht-Singen. Aber freilich – das Singen besorgt ja sowieso schon das Radio oder das Fernsehen! – Ja, zu meiner Zeit, als ich noch auf der Empore von der Nepomuk-Kirche gesungen hab … Grad froh kann man sein, dass man allein ist und kein Hahn nach einem kräht!«

Ein wenig trübsinnig ließ er sich durch die Straße schieben und schubsen. »Hoppla – nur nicht so pressant – der Heilige Abend ist doch kein D-Zug, den man grad noch bei der Abfahrt erwischt.«

So kam er auf den Marienplatz, wo vor dem Rathaus die große Tanne als Ständer für zahllose elektrische Kerzen verwendet wurde und die Kaufhäuser ringsherum große Sterne leuchten ließen, damit die Leute in die rechte Weihnachtsstimmung kämen und noch mehr in die rechte Kauflaune. Autos jagten und drängten sich wie zu den schlimmsten Verkehrszeiten – ganz unfeierlich.

Nur in der Mitte des Platzes türmte sich neben dem Schutzmann im weißen Ledermantel ein großer Berg aus zahllosen kleinen Päckchen, welche die Münchner

Autofahrer ihrer lieben Polizei als Dankgeschenk für die im abgelaufenen Jahr empfangenen Strafzettel aus dem Wagenfenster zuwarfen.

»Sieg'stes, Tobias«, brummelte er vor sich hin, »Polizei muss man sein, nachher kriegst a Weihnachtspackl … Aber so …«

Nein, das sah Tobias auf den ersten Blick, weder auf dem Stachus noch auf dem Marienplatz war er am heutigen Abend richtig aufgehoben. Es gab hier niemanden, der Zeit hatte, mit dem er einen kleinen freundlichen Plausch halten konnte, über das Wetter und dass der Winter früher viel schöner und strenger war als heuer.

Ja, aber wo sollte er denn hin, wenn er schon nicht daheimbleiben wollte, in seiner Stube. Ins Hofbräuhaus konnte er doch heut nicht gehn, das schickte sich wohl nicht. Und außerdem – die Bedienung wollte ja auch heim.

Alsdann, dachte Tobias Traxl, wo geht ein einsamer Mann hin in der Christnacht? – Er geht zu den Viechern, in den Zoo. Da stehn die Tiere und schaun dich an und du siehst sie an und keiner red nix – und keiner weiß was vom andern … und grad das ist recht.

Tobias Traxl ging ein paar Schritte zum Alten Peter hinüber, öffnete die Tür eines Wachskerzengeschäftes und schnupperte den Geruch von Honig und Weihrauch in sich ein.

»Bitt schön ...«, sagte er, »ich möcht gern ein Dutzend Kerzen, von den gelben, nein, so teuer brauchen sie nicht zu sein, nur schön lang brennen sollen sie halt. Und dann möcht ich das winzige Christkindl, das in der Wiege mit den roten Backen, und den Rauschgoldengel und noch ein paar Kerzenhalter zum Anklammern. Zündhölzer hab ich selber, dank schön!«
Eben ließ die Glocke vom Alten Peter ihre dunklen Töne über den Straßenlärm dahinklingen, als Tobias Traxl zum Viktualienmarkt hinunterstieg – gerade noch rechtzeitig, bevor die Marktfrauen zusammenpackten.
»Wenn S' noch was wollen, jetzt pressiert's!«, sagte die eine zu ihm und hatte schon eine Tüte aus Zeitungspapier zusammengedreht.
»Nur immer langsam!«, antwortete Tobias Traxl. »Zuerst krieg i no zwei Kilo Äpfel, von denen großen, mürben da. Und ebenso viel Bananen – ein Kohlkopf darf es auch sein, für den Esel, oder zwei, und alsdann ist es alles. I brauch keinen Honig und keinen Käs' und ein Brathendl brauch i auch nicht, dank schön!«
Mit einem großen Paket vor der Brust ließ er sich in die Straßenbahn hineinquetschen und flüsterte nur ein ganz leises »Kruzifix«, von dem er hoffte, dass es der liebe Gott nicht hörte, als ihm eine sehr stattliche Dame mit einem sehr stattlichen Fuß auf die große Zehe stieg.

Während sich Tobias Traxl von der Tram durch die Münchner Stadt rütteln ließ und meinte, dass weit und breit kein Mensch mehr lebte, der an ihn dachte, sprachen die Kinder Kristina und Florian von ihm. Sie gingen auf der Straße, in der sie wohnten, auf und ab und freuten sich, dass in manchen Häusern schon das Licht angezündet wurde. Vor diesen Fenstern sahen sie den Schnee ganz besonders schön schimmern. Wenn man lange genug hinschaute, fühlte man sich, als ob man von einem riesengroßen Fahrstuhl in den Himmel hinaufgehoben würde.

»Nicht einmal einen Hund hat der Tobias«, sagte der Florian. »Was der heute Abend wohl so alleine machen mag? Die ganze Zeit kann er doch auch nicht in der Stadt bleiben. Nachher sind alle Leute in ihren Wohnungen, kein Mensch ist mehr auf der Straße und kälter wird's auch.«

»Meinst du, dass ihm niemand, wirklich gar niemand etwas schenkt? Nicht einmal eine Tafel Schokolade oder einen Tannenzweig?«, fragte Kristina.

»Ich glaube, niemand«, antwortete Florian. »Es sei denn, wir zwei tun es.«

»Wir? Aber wie wollen wir denn das machen?«

»Ich habe schon eine Idee«, sagte Florian.

Tobias Traxl war nun im Tierpark angelangt. Alle Wege und Bäume waren tief verschneit. Hier war es still. Weit und breit war kein Mensch. Es wurde nun auch schon dunkel und die Tiere standen in den Gehegen und schauten den einsamen Mann verwundert an.

Tobias Traxl ging zu dem Kamel mit den großen, sanften Augen. Dicht daneben ließ ein kleiner grauer Esel seine Ohren spielen.

Hier packte Tobias seine Sachen aus. Er stellte die Wiege mit dem Christuskind in den Schnee, hing den Engel ein wenig darüber an einem Tannenast auf und verteilte die Halter mit den aufgesteckten Kerzen im Drahtgeflecht des Gitters. Als er die Dochte mit seinen klammen Fingern entzündet hatte, sah es aus, als ob die Sterne am Himmel über der Krippe funkelten.

Dann fütterte er abwechselnd das Kamel und den Esel mit den Äpfeln, den Bananen und dem Kohl.

»Siegst'es«, sagte er zu dem Kamel, »dein Urururgroßvater hat vielleicht einen der Heiligen Drei Könige zum Herrn Jesus getragen und den Stern von Bethlehem gesehen. Und deshalb schaust du mich so weise an, als sei ich einer der armen Hirten. Vielleicht bist du Viech viel klüger und heiliger als wir Menschen. – Und du«, sagte er zu dem Esel, der die saftigen Äpfel zwischen den Zähnen zermalmte, »du bist vielleicht der Urururenkel von dem, der in die Krippe hat hineinschaun dürfen als Allererster. Ich glaube, das war noch eine stille Nacht, grad so wie jetzt hier, freilich nur viel heiliger ...«

Und während er so vor sich hin redete und sich die Lichter der flackernden Kerzen in den dunklen Augen der kauenden Tiere widerspiegelten, brummte Tobias Traxl noch: »Nur der Ochs, der fehlte mir bei den Tieren der Heiligen Nacht. Oder vielleicht fehlt er mir auch gar nicht, vielleicht bin ich's selbst.«

Deshalb durfte er sich auch selbst einen Apfel gönnen. Und sie kauten selbdritt und es war Tobias Traxl plötzlich – als er ganz in der Ferne die heiligen Weisen vom Turm blasen hörte –, als ob sich der Himmel über der Stadt München öffnete und die Putten und Engel aus den vielen bayerischen Kirchen in der Höhe schwebten und jubilierten. Und das sind sehr, sehr viele. Eine große, himmlische Heerschar.

Währenddessen klingelten Kristina und Florian an vielen Wohnungstüren ihrer Straße. »Bitt schön«, sagten sie, »weil's Weihnachten ist.« Der Florian machte einen Diener und Kristina einen Knicks: »Es ist für den alten Tobias Traxl.«

Jedermann kannte ihn. Nur hatte gerade heute niemand an ihn gedacht. Die Kinder rannten treppauf und treppab und vergaßen sogar ihre eigene Bescherung vor lauter Eifer. Bei Frau Preisser fand sich eine

Flasche Wein, Herr Pfannes hatte so schrecklich viele Kekse, dass er gerne eine Tüte abgeben konnte, und Herr Buttgereit schenkte eine große Kiste Zigarren her. Sogar einen Weihnachtsbaum bekamen sie, einen kleinen zwar nur, aber einen hübschen, denn Herr Krause hatte aus lauter Angst vor der eigenen Vergesslichkeit gleich zwei gekauft. Nachträglich musste er es daheim feststellen.
Die ganze Straße erinnerte sich an Tobias Traxl, der jeden grüßte, wenn er auf der Straße an ihm vorüberging. Nur gerade heute hätten sie ihn fast alle beinahe vergessen. Es hatte ja auch ein jeder noch so viel zu tun.

Die Hausmeisterin gab ihnen den Schlüssel zu Tobias Traxls Zimmer.
Florian und Kristina schmückten den Tannenbaum, sie behängten ihn mit Äpfeln und Zuckerzeug, sie schürten den Ofen ein, so dass er ordentlich bullerte und glühte, und sie bauten die Geschenke auf dem Tisch mit der Spitzendecke auf.
Dabei waren sie glücklicher, als sie es später mit den eigenen Geschenken daheim unter dem großen Tannenbaum waren.
Nur die Kerzen zündeten sie noch nicht an, aber sie legten eine Schachtel Streichhölzer auf den Tisch und schrieben einen Zettel: »Bitte die Kerzen auch bestimmt

anzünden! – Frohe Weihnachten! Florian, Kristina und alle Nachbarn! An Tobias Traxl!«

Und Kristina malte noch einen großen Tannenzweig auf das Papier.

So vergaßen sie ihre Ungeduld und die Stunde der Bescherung kam für sie fast zu schnell herbei. Aber glücklicher waren sie noch an keinem Weihnachtsabend gewesen.

Als die Kerzen im Tierpark am Drahtgitter heruntergebrannt waren und die Tiere alles aufgefressen hatten, packte Tobias Traxl sein Christkindl und den Rauschgoldengel wieder ein, damit sie in der Nacht nicht frören.

Dunkel und kalt war es. Der Himmel war übersät mit Sternen und die Türme der Münchner Kirchen ragten als dunkle Umrisse in die milde Lichtglocke, die über der Stadt lag.

Tobias Traxl ging langsam nach Hause. Er hatte es ja nicht eilig. Die Straßen waren menschenleer. Dafür sah er hinter den Fenstern in allen Stockwerken die Lichterbäume brennen, er hörte fröhliches Kinderlachen und aus allen Häusern die gleichen Weihnachtslieder – aus dem Radio oder Fernseher.

Die alten Weihnachtslieder – sie sind halt immer wieder schön, Jesus, Maria und Josef!

»Und nachher? Nachher trink ich ein Bier und leg mich ins Bett. Eine schöne Weihnacht hab ich nun doch gehabt …«

Aber – als er seine Tür öffnete und ihm die Wärme und der vertraute Duft entgegenströmten, da meinte er erst, er habe sich im Zimmer geirrt. Verwundert rieb er sich die Augen.

»Ja, gibt's denn so was auch«, brummte er gerührt. »Entweder sind die Heiligen Drei Könige hier gewesen, weil ich ihr Kamel gefüttert hab, oder das Christkind war's selbst – vielleicht, weil ich eben doch der Ochs bin, der zu dem Esel an die Krippe gehört.«

Und als er die Kerzen anzündete, fing er zwar falsch, aber aus vollem Herzen zu singen an: »Stille Nacht, heilige Nacht«, und dachte bei sich: Sei nur ruhig, Tobias, brauchst nicht traurig zu sein, du hast es ja immer gewusst, dass es das Christkind wirklich gibt, und auch die anderen können es nicht vergessen, weil sie immer wieder durch die Kinder daran erinnert werden. Sakradi – Kruzifix – Himmeldonnerwetter!«

Der liebe Gott überhörte gnädig diesen Fluch. Es war ja der Heilige Abend.

Ursula Wölfel

Die Geschichte von den Weihnachtsgeschenken

Wenn Weihnachten kam, war ein Junge nie mit seinen Bastelarbeiten fertig. Jedes Mal sagte er: »Aber im nächsten Jahr fange ich früher mit dem Geschenke-Basteln an!« Und er schrieb schon im Januar eine lange Liste. Darauf stand alles, was er den anderen schenken wollte.

Im Februar kaufte er ein Stück festen Stoff. Daraus wollte er für den Vater einen großen Fausthandschuh nähen, weil es im Garten so viele Brennnesseln gab.

Im März fand der Junge ein schönes Stück Holz. Daraus wollte er für die Mutter einen Brieföffner schnitzen, weil sie so gern Post bekam.

Im April sammelte der Junge bei allen Nachbarn eckige Käseschachteln. Daraus wollte er für seine große Schwester einen Kramkasten kleben, weil sie immer ihren Radiergummi und den Bleistiftspitzer nicht finden konnte.

Im Mai fand der Junge beim Sperrmüll ein altes Kippauto aus Holz. Das brauchte nur vier neue Räder und frische Farbe. Das Brüderchen sollte das Auto bekommen.

Im Juni kaufte der Junge vier Bogen schönes Malpapier. Er wollte für alle vier Großeltern den Marktplatz malen: einmal die Südseite, einmal die Nordseite, einmal die Ostseite und einmal die Westseite.

Im Juli gab es Ferien, da dachte der Junge nicht an Weihnachten. Im August fing das neue Schuljahr an, da hatte der Junge keine Zeit. Im September kam Verwandtenbesuch, da sollte der Junge keine Unordnung machen.

Aber im Oktober sägte er die neuen Hinterräder für das Kippauto aus. Dann zerbrach ihm das Sägeblatt.

Im November malte er viermal einen blauen Himmel für die Marktplatzbilder. Da fing es an zu schneien.

Im Dezember sollte ihm die Schwester den großen Handschuh zuschneiden und der Vater sollte ihm das Schnitzmesser für den Brieföffner schleifen und die Mutter hatte nicht den richtigen Leim für den Kramkasten. Dann kam Weihnachten und der Junge sagte: »Aber im nächsten Jahr fange ich früher mit dem Geschenke-Basteln an!«

Elisabeth Zöller
Der Innen-drin-Wunsch

Heute sollen wir unsere Wunschzettel schreiben. Mama hat uns schon ein paarmal danach gefragt.
Teddy wünscht sich einen Hund. »Weil ich keinen Zwilling hab«, sagt er.
Mama schlägt die Hände über dem Kopf zusammen. Papa sagt einfach Nein. Teddy heult. Er will einen Hund. Schon lange. Aber Papa und Mama haben ihm nie einen erlaubt.
Ich sitze mit Teddy am Tisch und helfe ihm beim Wunschzettelschreiben. Ich schreibe auf, was er mir sagt, und er will es dann später abschreiben. Das kann er schon, aber es dauert ziemlich lange. Als Erstes soll ich hinschreiben, dass er sich eigentlich einen Zwilling wünscht, aber weiß, dass das nachträglich nicht geht.
»Dabei hätte ich so gerne einen Zwilling«, sagt er. »Und ich finde das total ungerecht: Ihr alle seid zu zweit, Papa und Mama, du und Ben, Lucki und Sofie und auch Oma Krummpiepen und Opa Brömmelkamp. Nur Luisa und ich nicht. Ich hab keinen Zwilling und ich

bin nicht verheiratet.« Und Teddy schaut mich dabei ganz treuherzig an.

Ich platze los vor Lachen. Teddy verheiratet!

Da wird er wütend, trommelt mit den Fäusten auf die Tischplatte und heult auf. »Darum wünsche ich mir einen Hund, wenigstens einen klitzekleinen! Der wäre dann auch immer bei mir. Der würde mich nicht so doof auslachen!«

Langsam beruhigt er sich wieder. »Also schreib für mich«, bittet er schließlich, »dass ich mir vor allem und ganz, ganz fest und innen drin und schon lange, lange einen Hund wünsche.«

»Soll ich das alles hinschreiben?«

»Ja«, sagt Teddy, »weil das wichtig ist: ›innen drin‹ und ›fest‹ und ›lange‹. Das ist nämlich ein Unterschied: Ein Innen-drin-Wunsch ist was anderes als ein Was-wünsch-ich-mir-denn-mal-Wunsch.«

Ich schreibe also alles auf. Sogar das mit dem Innen-drin-Wunsch.

»Und sonst noch etwas?«, frage ich.

»Ja«, sagt Teddy, »aber das sind nur Reservewünsche, so Was-wünsch-ich-mir-denn-mal-Wünsche.« Und er zählt auf: »Einen CD-Player, noch etwas für meine Playmobil-Burg, einen Lego-Motor …«

Da kommt Oma Krummpiepen zu uns an den Tisch. Sie hat Teddys Wunschliste gehört und sagt jetzt: »Du, Teddy, ein Wunschzettel zu Weihnachten ist aber kein Bestellzettel. Du kannst nicht einfach so ganz viele Sachen bestellen.«

»Aber wenigstens den klitzekleinen Hund«, meint Teddy. Und nach kurzem Überlegen fügt er hinzu: »Ich schreibe auch noch die Preise dahinter, dann kann das Christkind gezielter aussuchen.«

»Nein«, sagt Oma Krummpiepen, »du hast noch nicht ganz verstanden, was ich meinte.« Und sie setzt sich neben Teddy und erzählt ihm eine Geschichte: »Als ich klein war, da hat meine Oma mir erzählt, dass das Christkind früher wirklich auf die Erde gekommen ist und den Menschen an Weihnachten die Wünsche erfüllt hat, die sie sich von Herzen wünschten. Das Christkind konnte nämlich die Wünsche sehen, die Wünsche ganz innen drin in den Menschen. Aber nach einiger Zeit merkte das Christkind, dass die Menschen sich immer mehr und immer komischere Sachen wünschten, die mit den richtigen Wünschen da innen drin überhaupt nichts mehr zu tun hatten. Die Leute überlegten nur: ›Was könnte ich mir denn mal wünschen?‹ Und dann wünschten sie sich alles Mögliche: teure Kleider und Autos und Spielzeug und Radios. Alles Sachen, die man irgendwo kaufen kann.«

»Was-wünsch-ich-mir-denn-mal-Wünsche«, unterbricht Teddy sie.

Oma Krummpiepen nickt. Sie erzählt weiter: »Da wurde das Christkind ganz traurig. Es beschloss, nur noch die Menschen mit den Wünschen, die von Herzen kommen, zu besuchen. Tja, und seitdem geht es an Weihnachten nur dorthin, wo Menschen sich wirklich innen drin etwas wünschen. Die anderen Leute schrei-

ben zwar lange Bestellzettel ans Christkind, aber darum kümmert sich nicht mehr das echte Christkind. Das macht ein Bestell-Christkind, das in den Kaufhäusern zu Hause ist. Das echte Christkind kommt nur zu den Menschen mit den wirklich wichtigen Wünschen.«

»Aber das ist meiner doch«, sagt Teddy. »Der Hund ist ein Wunsch von ganz innen drin. Den wünsche ich mir fest und schon ganz, ganz lange. Superlange sozusagen.«

Ich zeige Oma Krummpiepen den Brief ans Christkind, den ich gerade für Teddy geschrieben habe.

»Das ist ja was!«, sagt Oma Krummpiepen, als sie sieht, dass Teddy mir wirklich »fest«, »lange« und »innen drin« diktiert hat. »Dann kommt das Christkind bestimmt.«

Max Kruse

Weihnachtsmusik
Das Fest im Käthe-Kruse-Haus

Meine Mutter hatte ihren ersten beiden Töchtern selbst Puppen aus Stoff gemacht, nach eigenen Entwürfen – und die waren berühmt geworden. Nun hatte meine Mutter eine Werkstätte in Bad Kösen an der Saale, in Thüringen. Da wurden diese Puppen in Handarbeit hergestellt und in alle Welt verschickt, vor allem natürlich innerhalb Deutschlands, nach Österreich und in die Schweiz. Außer dieser Firma hatte meine Mutter noch eine große Familie, sieben Kinder, deren jüngstes ich war.

Weihnachten war für uns nicht ein beliebiges Fest, es bedeutete nicht nur einige schulfreie Tage, es war ein Einschnitt. Weihnachten veränderte alles. Schon wenn der Herbst mit seinen langen Nächten kam, lebte jeder auf den Heiligen Abend hin, immer ausschließlicher, je mehr es Winter wurde. Unsere Mutter wusste nicht aus noch ein vor Arbeit, denn in der Puppenwerkstatt war dann Hochkonjunktur. Das ganze Jahr lang war vorwiegend auf Lager gearbeitet worden. Nun kam das Geschäft, von dem unser zukünftiges Wohl und Wehe abhing. Es waren Tage der Anspannung, besonders für die Mutter – denn wenn man nun von überall her nach ihren Puppen verlangte, täglich die eiligsten Bestellungen eingingen, das Telefon pausenlos klingelte, aufgeregte Eltern wissen wollten, ob denn ihre uns zur Reparatur eingesandten Puppenkinder auch bestimmt noch rechtzeitig zum Fest fertig würden, wenn nervöse Händler ihre Lieferungen anmahnten, wenn all unsere Mitarbeiter so eifrig wie erschöpft waren, dann geriet auch die Mutter wie in ein Fieber. Vor allem konnte sie nicht genug tun an Geschenken für uns, an Liebe und Verwöhnung.

Damals wurden in vielen Familien noch hinter geheimnisvoll verschlossenen Türen Handarbeiten gemacht. So auch bei uns. Etwas Gekauftes zu verschenken wäre eine Schande gewesen. Wir spielten das Spiel der Heimlichkeiten gern und nahmen es übertrieben ernst.

Und die Familie fiel ein in unser Wohnhaus in Kösen wie ein Vogelschwarm. Die meisten lebten ja auswärts: Sie kamen aus ihren Schulen, vom Odenwald, aus Berlin, aus Weimar – zu Weihnachten reisten alle an, manchmal auch Bekannte, Freundinnen, Freunde. Da wurden sämtliche verfügbaren Zimmer gelüftet, hergerichtet und belegt. Allein schon diese plötzliche Belebung des ganzen Hauses bis in den hintersten Winkel erzeugte quirlige Erwartung. Sogar die unteren Räume, die Monat für Monat in staubig stiller Dämmerung geschlafen hatten, wurden geöffnet. Jetzt kam ihre Glanzzeit. Zunächst freilich wurden sie fest verschlossen, um alle Pakete zu lagern. Sie kamen in meines Vaters sogenanntes Arbeitszimmer. Es füllte sich mit Kartons, mit kleinen und großen. Im Esszimmer daneben wurde der Eichentisch mit den klobig gedrechselten Füßen zu voller Länge ausgezogen – da nahm er den ganzen Raum ein. Die breite Schiebetür zum Musikzimmer wurde geschlossen. Dort wurde die wunderschöne Edeltanne, der Weihnachtsbaum, über drei Meter hoch, breit ausladend, aufgestellt und geschmückt.

Ich war drei Jahre jünger als mein Bruder Friedebald. Als dieser neun Jahre alt war, kam ihm eine nahrhafte Idee. Er zog mit mir Dreikäsehoch, alten Bräuchen folgend, in der Nachbarschaft von Haus zu Haus. Wir hatten eine Puppe der Mutter, genannt »Das Träumerchen«, einen Säugling mit geschlossenen Augen und so schwer wie ein Neugeborenes. Das diente uns als Christkind. Eine umgedrehte Fußbank musste als Krippe herhalten. Der Bruder Friedebald trug den breitkrempigen, schlappenden Hut des Vaters und einen Mantel. Er stellte den Jesusvater Josef dar, mit einem Knotenstock. Aus mir machte ein über den Kopf geworfener Schal eine scheue Maria. Ich hatte das Christkind zu wiegen und dazu zu summen: »Eia … eia …«, während Josef recht ruppig um Unterkunft und Nahrung bat. Sehr verfressen war dieser Josef auch, doch als er einmal keine Milch bekam und polternd zu Maria sagte: »Die bösen Leute wollen uns nichts zu trinken geben, nimm dein Kind an die Brust«, und als ich mir das Hemd aufknöpfte und den kalten Puppenmund an die winzige Brustwarze presste, empörten sich die zu wenig ergriffenen Zuschauer. Damals hatte man noch sehr enge Moralvorstellungen. Unsere Mutter wurde verständigt – und wir heiliges Paar durften nicht mehr auf Betteltour gehen.

Es gab aber auch eine Vorbereitung, die ich nicht so sehr mochte. Das waren die Proben zu Tante Annas Weihnachtsmusik. Tante Anna war schon gestorben, nun nahm sie den Rang einer Familienheiligen ein. Sie war die Lieblingsschwester meines Vaters gewesen. Tante Anna hatte nicht nur hübsch mit Wasserfarben gemalt, sie hatte auch komponiert, Kinderlieder und ebendiese Weihnachtsmusik für die ganze Familie.

Von Zeit zu Zeit – zu meinem Glück nicht jedes Jahr – wurden die Noten aus der Schublade geholt, dem Vater zuliebe. Meine älteste Schwester Maria übernahm die Einstudierung am Klavier, auf us Geschwister wurden die anderen Stimmen verteilt, je nach Alter und Können. Da gab es die Trompete, die Zimbel, die Knarre, die Trommel, den Kuckuck, die »Nachtigall«. Alle Instrumente lagen auf einem Haufen im altdeutschen Schrank, sozusagen immer bereit. Wir Geschwister waren weniger bereit, wir kicherten, verpatzten die Einsätze, schmetterten oder klingelten an den falschen Stellen. Die »Nachtigall« war ein mit Wasser gefülltes Ei aus Blech, in das kleine Löcher gebohrt worden waren. Nun musste man mit musikalischem Gefühl in ein Röhrchen blasen, bis es tirilierte. Wir pusteten meist so heftig, dass der Ton im Sprudel ertrank – und der Fußboden nass wurde. Dann schimpfte Maria.

Zum Glück war es nicht schwierig, in Tante Annas Weihnachtsmusik die Trommel zu rühren oder den Kuckuck erschallen zu lassen. Man musste es nur an den richtigen Stellen tun. Am Heiligen Abend, wenn die Tür zum Musikzimmer mit den Geschenken bereits weit aufstand und der große Baum im Lichte seiner vielen Wachskerzen strahlte, wenn er den Raum ausladend, duftend und mit lang herabhängendem Lametta glitzernd erfüllte, dann ging das musikalische Spiel meist flüssig vorbei. Unsere Mutter schaute uns mit verklärtem Lächeln zu und unser Vater hatte feuchte Augen.

Einmal, da war ich noch recht klein, vielleicht vier oder fünf Jahre alt, dachten sich meine viel älteren, fast schon erwachsenen Schwestern eine besondere Überraschung für die Mutter aus. Ich sollte eine musikalische Vorstellung geben, allein – zu meinem Schrecken.

Damals wurde in der Puppenwerkstatt für eine spezielle Schaufensterdekoration ein besonderes Püppchen hergestellt. Es war knapp vierzig Zentimeter hoch, weich gestopft, hatte ein rundes Gesicht und gemalte, fragende Augen. Man steckte es in eine steife Rüstung aus gefaltetem Goldpapier und versah es mit Flügeln. Ähnliche Rauschgoldengel kennt man von allen Weihnachtsmärkten.

Nun wurde auch ich – mein Himmel! – als Rauschgoldengel verkleidet. Aber das Goldpapier war kräftiger Karton, die Falten steif wie Metall: Sie zielten ringsum von der Hüfte auf den Boden, wo der Rock sich verbreiterte. Oben trug ich ein Hemdchen, das mit goldenen Bändern geschmückt war, ein weiteres Goldband hielt meine damals noch langen, braunen Haare zusammen und über meiner Stirn strahlte ein Stern aus Papier. Zum Schluss wurden mir auch noch riesenhafte goldene Flügel auf den Rücken gebunden. Die Flügel wippten bei jeder Bewegung, ich wippte mit, denn sie waren stärker als ich. Das Gehen in dem steifen Rock war fast unmöglich, er gab ja nicht nach und stand rings auf dem Eichenparkett auf, staute sich und bremste.

Nun musste ich noch einen kleinen Tannenbaum aus Pappe in der linken Hand tragen. An seinen Zweigen baumelten Silberglöckchen, acht an der Zahl, zusammen eine Oktave. Mit einem Hämmerchen hatte ich auf diesen Glöckchen »Stille Nacht, heilige Nacht« zu spielen, »Bim bimbim bam, bim bimbim …«.

Ich wartete im Flur, so kunstvoll und unbequem verkleidet, und nachdem man die Kerzen am Baum angezündet und die Flügeltür zum Esszimmer aufgeschoben hatte, wo die Familie zusammenstand, schubste mich die Schwester Sofie ins Weihnachtszimmer. Von links erschien ich auf der Bühne, schob mich wackelndwippend bis zum Baum. Er strahlte, mein Rock schleifte golden über den Boden und drückte mich in die Hüften.

Meine Mutter seufzte überrascht: »Wie süß, ach, mein Maxl!«

Und ich ließ mein schüchternes »Bimbimbim-bam …« erklingen. Da war ich froh, als die Musik zu Ende war.

Natürlich wurden auch bei uns Weihnachtslieder gesungen, gleich nach dem Öffnen der Schiebetür und noch vor der Bescherung. Obwohl die Schwester Maria kräftig stützend am Klavier begleitete, war es doch ein recht kläglisches Unternehmen. Des Vaters schöner Bass legte zwar einen tiefen Grund, aber schon die Mutter summte nur leise. Unsicher ging sie nach den Worten und nach der Melodie auf die Suche. Die Schwester Sofie stürzte sich mit der ihr eigenen Tatkraft ins unvermeidliche Abenteuer, doch hätte vielleicht gerade sie es nicht tun sollen, denn meist sang sie falsch. Lieblich dagegen, wenn auch zart, erklang Schwester Hannes Stimme. Wir Buben, alle vier, brummten, murrten und hauchten nur so durcheinander, der Bruder Michael stets um Anstand bemüht mit tödlichem Ernst, der Bruder Jochen halb lachend, und nur Bruder Friedebald sang unbefangen, laut und schmetternd. Er genoss alles. Von mir will ich schweigen. Ich war froh, wenn ich eine Melodie oder ein paar Worte erhaschte.

Das Festmahl wurde klugerweise erst nach der Bescherung eingenommen. Denn es erforderte Geduld und die hätte man vorher nicht gehabt. Der Esstisch war festlich geschmückt. Da funkelte das beste Porzellan mit dem Goldrand. Von dreiarmigen Leuchtern hingen bunte Bänder auf die Damastdecke herab. Um jeden Teller rankte sich schmückendes Beiwerk, duftende Tannenzweige. Lametta und Weihnachtskugeln blitzten. Und ernst, aber freudig gestimmt versammelte man sich hinter den gedrechselten Stühlen, um dann auf den durchgesessenen Ledersitzen Platz zu nehmen.

Und dann folgte das Mahl des Zusammennehmens, ein Festessen, gewiss, aber ein Leid für fast jedermann, vielleicht sogar für die Mutter, die doch eigensinnig darauf bestand. Aus ihrer Heimat hatte sie den polnischen Karpfen hier eingeführt, ein Gericht, das eigentlich niemand mochte, denn es war weder Fisch noch Fleisch. In einer undurchsichtig braunen, dicken und klebrig süßen Biersauce schwammen die fetten Stücke des ausgelösten Fischs, sie schwammen da mit ihren spitzen Gräten, die einem unversehens im Zahnfleisch steckten oder ganz hinten in den Backentaschen, denn, wie gesagt, die Sauce war dunkel, dick und undurchdringlich, man fand sie darin nicht vorher. Der polnische Karpfen kam aus Schlesien, aus Mutters Heimat. Vielleicht dachte sie dabei an ihr »Vaterle« oder »Mutterle« – der polnische Karpfen war eine schlesische Weihnachtstradition.

Und immer zog sich dieses Mahl viel zu lange hin. Mir Kleinem schmerzten Po und Rücken. Mit meinen Füßen konnte ich den Fußboden ja nicht erreichen, ich thronte auf einem dicken, viereckigen Rosshaarkissen. Ich hasste den Karpfen, er schmeckte mir nicht. Ich fand, dass die Polen, die ihn auch noch mit diesem dicken Bier übergossen und Rosinen hineinwarfen, schon einen sonderbaren Geschmack gehabt hatten. Die Mutter übrigens auch. Denn wenn schon mal eines der Kinder meuterte, von einem Braten schwärmte und von herzhaft einfacher Küche, die rasch einzunehmen gewesen wäre, blickte sie es vorwurfsvoll an, als ob es den lieben Gott gelästert hätte, und meinte: »Aber Herzblatt! Das ist polnischer Karpfen!« Nur dies: »Polnischer Karpfen«, aber mit welcher Betonung! – als sei damit alles geklärt und die ganze Welt habe auf die Knie zu sinken.

In meiner frühen Kindheit ging die Mutter mit mir und den Geschwistern auch manchmal zur Christmette in die Kirche. Wir wanderten zu Fuß durch die Nacht, dick eingemummt, zur Weihnachtsandacht. Es war der Weg einer Viertelstunde. Bei bitterem Frost führte er durch eine tief verschneite Landschaft – wie aus dem Märchen. Die Saale war zugefroren, ihr Rauschen verstummt, nur das Eis knackte unter der Brücke, auf deren weit gespanntem Bogen, genau in der Mitte, eine Straßenlaterne brannte. Es stand dort ein Häuschen mit steilem Dach, ein Erker ragte über den Fluss hinaus, und mit seinen hohen, spitzen Fenstern und der grauen Schieferabdeckung, die nun überzogen war von der glitzernden Schneehaube, wirkte es wie eine gotische Kapelle. Über dem weiten, stillen Saaletal spannte sich der klare, schwarze Himmel mit den flackernden Sternen, da und dort waren Schritte von Menschen zu hören, die zur Kirche strebten und – weil es so kalt war – nicht redeten. Aber plötzlich fingen die Glocken zu läuten an, mit einem sehr vollen, vieltönigen Gesang, der über dem Schnee und der reinen Luft so prachtvoll getragen wurde, dass die Mutter stehen blieb, meine Hand fester fasste und sagte: »Ach, hör mal, mein Liebling!« Als ob ich es nicht auch hätte hören müssen, so erfüllt war ich ja selbst bis innen hinein vom Vibrieren der Tonschwingungen. Mehr sagte die Mutter nicht. Doch ich verstand auch so, dass sie glücklich und überrascht stehen blieb, um einer Verheißung zu lauschen, die ihr Herz berührte.

In der Kirche, im kalten, kahlen Raum, bei der Predigt des strengen Pastors und beim kümmerlichen Gemeindegesang vernahm sie die Botschaft nicht mehr. Da bekam sie, wie sie bemerkte, kalte Füße.

Dieter Winkler

Der Weihnachtsstern

»Bäh, mit dir spiel ich nicht. Bäh, mit dir spiel ich nicht, du Segelohr.«
Der Spottgesang ihrer Spielkameraden hallte noch immer schmerzlich in Karlas Ohren wider. Wie konnten sie nur so gemein zu ihr sein. Und das auch noch zur Weihnachtszeit!
Eigentlich war es ja schon losgegangen, als sie in den Kindergarten gekommen war. Seitdem hatte sie die schlimmsten Beschimpfungen zu hören bekommen. »Dumbo« und »Segelflieger« waren dabei noch die harmlosesten.
»Ich geh nie wieder in den Kindergarten«, sagte Karla bestimmt, während sie aus dem Fenster auf die Straße vor ihrem Haus starrte. Es war fast menschenleer, denn es schneite schon den ganzen Tag. Die Schneeflocken, die gegen die Fensterscheiben klatschten und die sie sonst so liebte, schienen sie heute nur verhöhnen zu wollen.
Ihre Finger strichen über den Topf mit der kümmer-

lichen buschigen Pflanze, die ihr Mama zum ersten Advent geschenkt hatte. Mama hatte versprochen, dass sie bald ganz wunderschöne rote Blüten haben würde. Aber die Pflanze dachte gar nicht daran. Wahrscheinlich verachtete sie Karla wie alle anderen wegen ihrer großen Ohren – und wollte deswegen gar nicht blühen!
»Du ganze Welt, du!«, schrie Karla plötzlich auf. »Du kannst mir gestohlen bleiben.«
Sie machte eine wütende Handbewegung – und da passierte es. Ihre Finger erwischten den Topf am oberen Rand. Er kam ins Rutschen und wäre um ein Haar zu Boden gefallen, wenn Karla ihn nicht im letzten Moment aufgefangen hätte.
»Autsch!«, schrie etwas in ihren Gedanken.
»Hä?«, machte Karla. »Wer spricht denn da?«
»Was ist denn das für eine blöde Frage?«, fuhr die Stimme in ihren Gedanken fort. »Stell mich lieber wieder aufs Fensterbrett – bevor mir noch schwindelig wird.«
»Bist du das etwa, Blume?«, fragte Karla verwundert, während sie den Topf vorsichtig auf dem Fensterbrett absetzte.
»Ich bin keine Blume«, widersprach die Stimme. »Ich bin ein Weihnachtsstern!«
»Das ist ja toll«, staunte Karla. »Eine sprechende Blume, die Weihnachtsstern heißt!«

»Ja toll«, maulte die Stimme. »Und normalerweise blüht unsereins zur Weihnachtszeit auch ganz wunderschön. Aber kannst du mir mal sagen, wie mir das gelingen soll, wenn du hier alles mit deinen selbstmitleidigen Gedanken verpestest?«

»Aber ich ... ich bin doch ganz arm dran!«, protestierte Karla.

»Etwa wegen ein paar zu groß geratener Ohren?«, fragte der Weihnachtsstern empört. »Was soll denn daran so schlimm sein?«

»Das kann ich dir sagen: Alle machen sich so schrecklich lustig darüber!« Eine Träne rann Karlas Wange herab. »Du hast ja gar keine Ahnung.«

»Oh doch, die hab ich«, meinte der Weihnachtsstern. »Guck dir doch bloß mal meine Blütenblätter an! Die sind doch fürchterlich mickrig geraten – findest du nicht auch?«

»Ach, hätt ich doch so mickrige Ohren«, seufzte Karla. »Dann würde sich niemand über mich lustig machen.«

»Du bringst mich auf eine Idee«, säuselte der Weihnachtsstern. »Wie wäre es denn, wenn wir tauschen würden?«

»Was, du meinst, ich kriege für meine großen Ohren ein paar mickrige Blütenblätter? Wie würde das denn aussehen?«

»Nein, pass auf: Du kriegst kleine Ohren, die niemanden mehr stören, und ich große, wunderschöne Blütenblätter.«
Karla kratzte sich am Kopf. »Und das soll gehen?«
»Na klar«, versprach der Weihnachtsstern. »Wenn du mich nur fleißig gießt – und fest daran glaubst.«
Karla war noch immer nicht ganz überzeugt. Aber sie eilte zum Spiegel und starrte hinein.
»Du, Weihnachtsstern«, sagte sie. »Meine Ohren sind aber noch ziemlich groß.«
»Papperlapapp«, widersprach der Weihnachtsstern.

»Gieß du mich nur immer fleißig. Und du wirst sehen: Je größer meine roten Blütenblätter werden, umso kleiner werden deine Ohren. Aber eins musst du mir dabei ganz fest versprechen!«

»Ja – was denn?«

»Dass du dich nie wieder ärgerst, wenn dich jemand wegen deiner Ohren veralbert.«

Das versprach Karla nur zu gern. Und siehe da: Es funktionierte tatsächlich. Wenn sie jemand verspotten wollte, lachte sie ihn einfach aus. Und wie zur Belohnung schienen ihre Ohren jedes Mal ein kleines Stückchen kleiner zu werden – genauso wie die Blütenblätter des Weihnachtssterns ein bisschen prachtvoller.

Edith Schreiber-Wicke
Besuch am Heiligen Abend
Fast ein Märchen

Es war der 23. Dezember. Jason lag im Bett und überlegte, was er sich am allermeisten zu Weihnachten wünschte.
Plötzlich wusste er es. Es war nicht das Skateboard. Auch nicht das Computerspiel. Was er sich am meisten wünschte, stand gar nicht auf seinem Wunschzettel. Wenn es so etwas wie einen Weihnachtsmann gibt, dachte er, dann wünsche ich mir, dass er morgen kommt. Nicht so ein verkleideter mit Mütze und Rauschebart. Nein, der wirkliche, richtige, echte.
»Geht in Ordnung, ich komme«, sagte eine Stimme aus der Dunkelheit.
Einen Augenblick lag Jason bewegungslos. Dann tastete er nach dem Schalter der Nachttischlampe.
Jason schaute sich um. Es war niemand zu sehen. Natürlich nicht. Er drehte das Licht wieder ab. »O. k.«, sagte er laut. »Bin gespannt, ob du Wort hältst.«

Am nächsten Tag hatte Jason eine Menge zu tun. Er räumte sein Zimmer auf. Immerhin erwartete er Besuch.

»Jason, könntest du …« Jasons Mutter unterbrach sich selbst. »Verzeihung, ich bin im falschen Zimmer«, sagte sie. Nach einer Weile ging die Tür wieder einen Spalt auf. »Andererseits haben wir hier nur *ein* Kinderzimmer«, sagte Jasons Mutter. Sie schaute sich um. »Alles wegen Weihnachten?«, fragte sie.

»Alles wegen Weihnachten«, sagte Jason nach einigem Zögern.

Es läutete.

»Ich mach auf!«, rief Jason und war schon im Vorzimmer. Er öffnete erwartungsvoll die Eingangstür.

Draußen stand eine Frau mit Kopftuch. Sie streckte Jason stumm ihre geöffnete Hand entgegen.

Jason ging zu seiner Mutter in die Küche. »Da ist eine Frau draußen. Ich glaub, sie braucht Geld. Können wir ihr was geben. Bitte.«

»Ausgerechnet heute«, sagte Jasons Mutter. Aber sie griff nach ihrer Handtasche.

Es läutete wieder.

Jetzt, dachte Jason. Das wird er sein. Das muss er sein.

Aber es war die alte Frau Wunderlich, die im Haus nebenan wohnte. Trotz ihrer starken Brille konnte sie

nicht mehr lesen. Ob Jason ihr den Brief ihrer Tochter vorlesen würde?
»Es dauert nicht lange«, sagte Jason zu seiner Mutter. Aber es dauerte dann doch ein bisschen. Weil es ein sehr langer Brief war.

»Gleich ist es so weit«, sagte Jasons Mutter, als Jason zurückkam.
Jason schaute zur Tür. Würde *er* sein Versprechen halten oder nicht?
Es läutete.

Jason holte tief Luft und öffnete die Tür.
Draußen stand Kenny. Er war ungefähr so alt wie Jason und wohnte ein paar Häuser weiter. »Meine Katze«, sagte er. »Sie ist verschwunden. Und keiner will mir suchen helfen. Aber ich kann doch nicht Weihnachten feiern ohne meine Katze!«
»Wir gehen Kennys Katze suchen«, teilte Jason seiner Mutter mit.
»Aber es ist Heiliger Abend«, sagte Jasons Mutter vorwurfsvoll.
»Weiß ich doch«, sagte Jason.
Sie fanden Kennys Katze auf einem Baum.
»Das macht sie immer«, sagte Kenny. »Im Raufklettern ist sie großartig. Nur runter traut sie sich nicht.«
Gemeinsam schleppten sie eine Leiter heran und holten die Katze vom Baum.

»Können wir jetzt Weihnachten feiern oder kommt noch wer?«, fragte Jasons Mutter.
»Ich glaub, es kommt niemand mehr«, sagte Jason. Und hoffte doch, es würde noch einmal läuten.
Aber die Türglocke blieb den ganzen Abend still.

Später dann lag Jason im Bett. Eigentlich hätte er zufrieden sein müssen. Er hatte das Skateboard bekommen *und* das Computerspiel. Und Sachen zum Anzie-

hen. Und Bücher. Aber *er* war nicht gekommen. Weihnachten war vielleicht doch nur ein Baum mit Kerzen und Sachen in Geschenkpapier. Nichts weiter.
»Du hast es versprochen«, sagte Jason vorwurfsvoll zur Dunkelheit.
»Aber ich *war* da«, sagte die Stimme. »Ich war dreimal an deiner Tür. Danke schön. Und frohe Weihnachten, Jason.«
»Frohe Weihnachten«, flüsterte Jason.

Achim Bröger

Heute Abend wirst du staunen

»Ich finde Hasi nicht«, jammerte Judith. Ihre anderen Kuscheltiere lagen und saßen brav auf dem Bett. Natürlich sagten sie keinen Ton.
Zum Weitersuchen hatte Judith keine Zeit mehr. Ihre Freundin wartete nämlich schon auf sie. Die beiden wollten Geschenke vorbereiten, denn heute war Heiligabend.
Judith ging aus dem Kinderzimmer. Sofort brummte der alte Teddy mit Pflaster: »Leute, kommt, wir suchen unseren Freund Hasi!«
»Genau!«, brüllte die Kuschellöwin. Und der Kuscheldachs, das Kuschelnilpferd und der Kuschelteufel nickten. Prinzessin Puppi mit Schleife und langem Kleid sagte: »Seltsam, erst war Hasis Ohr weg. Und jetzt ist Hasi ganz weg.«
Alle schauten zur Löwin. »Jaja!«, brüllte sie. »Ich hab ein bisschen mit Hasi gerauft. Weil ich so stark bin, hab ich ihm leider ein Ohr abgerauft. Und wir konnten es

nicht wiederfinden. Aber ich weiß auch nicht, wo Hasi steckt.«

»Wir müssen beraten«, brummte Teddy.

Sie versammelten sich auf der Bettdecke zur Kuschelbanden-Konferenz.

Der Dachs sagte: »Hasi sah gestern richtig traurig aus.«

»Und das in der Weihnachtszeit«, prustete das Nilpferd.

Teddy brummte: »Leute, wir machen hier im Zimmer eine Hasi-Suchaktion.«

Alle waren einverstanden. Sie stellten sich nebeneinander an die Tür. Schritt für Schritt wurde das Zimmer abgesucht. Der Dachs hob mit seiner Schnauze sogar den Teppich ein Stück hoch. Aber sie fanden Hasi nirgends. Dafür entdeckten sie unterm Schrank zwei große Murmeln und einen Weihnachtsstern. Als Nächstes fanden sie hinter einem Bücherstapel drei Spielkarten. »Das alles sucht Judith schon lange«, brüllte die Löwin.

»Ich glaube, Judith ist ein bisschen unordentlich«, wisperte Puppi.

Schließlich stand die Kuschelbande vor Judiths Bett. Der Teufel sagte: »Da unten ist es zum Angsthaben dunkel.«

Weil niemand vorausgehen wollte, nahmen sie sich bei

den Pfoten. Und Puppi nahmen sie bei der Hand. So gingen sie nebeneinander ins Dunkel unters Bett.

»Stehen bleiben! Da ist was«, wisperte Puppi aufgeregt.

Aber das war nur ein Tennisball. Auch eine Kassette und Judiths Taschenlampe fanden sie. Die Lampe konnten sie für die Hasi-Suche gut gebrauchen. Der Teddy und die Löwin schleppten sie und leuchteten.

Bis an die Wand unterm Bett kamen sie. Dort wollten sie umkehren. Da sah Puppi wieder etwas. Hinter einem Bettpfosten war es. Versteckt in der tiefsten, dunkelsten Ecke. »Da ist nichts«, sagte der Dachs. Aber Prinzessin Puppi ging hin. Und da fand sie – Hasi.

Er hockte mit dem Rücken zu den anderen und weinte.

»Was hast du denn?«, brummte Teddy.

Hasi schluchzte: »Lasst mich in Ruhe!«

Trotzdem streichelte Puppi ihn und die anderen machten mit. Langsam beruhigte sich Hasi wieder. Dann erzählte er leise, warum er sich versteckt hatte: »Ihr seid so schön. Und überhaupt – an Weihnachten ist alles schön. Nur ich sehe ohne Ohr alt und hässlich aus. Außerdem ist mein Fell fleckig und dünn. Ich will nicht, dass mich an Weihnachten jemand so sieht. Deswegen verkrieche ich mich.«

»Stimmt, dein Fell sieht dünn aus«, brummte Teddy.

»Es wurde von Judith dünn gestrichen. Das ist doch toll.«

Hasi drehte sich zu den anderen um.

Jetzt schlug der Dachs vor: »Wir stecken dich in die Waschmaschine. Da wirst du blitzblank gewaschen. Und geschleudert wirst du auch.«

Kichernd sagte der Kuschelteufel: »Schleudern ist so toll wie Karussellfahren.«

»Na gut«, murmelte Hasi, »aber trotzdem habe ich nur ein Ohr. Und das ist blöd!«

Die Kuschelbande stand unterm Bett um Hasi herum und dachte nach. Plötzlich brüllte die Löwin: »Ich hab's! Aber kommt erst mal mit nach vorne, wo es heller ist!«

Vor dem Bett versammelten sie sich wieder. Jetzt brüllte die Löwin ihre Idee: »Ich stricke Hasi zu Weihnachten noch schnell ein neues Ohr. Schließlich habe ich ihm das alte abgerauft!«

»Gute Idee«, brummte Teddy. »Hasi kriegt ein Super-Strickohr. Wie wär's mit Blau?«

»Toll«, flüsterte Hasi. »Bestimmt sehe ich mit meinem Blauohr richtig hasi-gut aus.«

Die Kuschelbande schleppte nun alles her, was sie außer Hasi noch gefunden hatte: zwei große Murmeln, einen Weihnachtsstern, drei Spielkarten, einen Tennisball, eine Taschenlampe und eine Kassette.

Aufgeregt sprang Hasi hoch und rief: »Ha! Wir suchen doch noch ein Geschenk für Judith. Ich weiß eines! Wir packen das hier alles in ein Paket. Dann schenken wir Judith, was sie im Zimmer verschusselt hat. Das wird ein prima Weihnachtsüberraschungspaket. Und Judith wird nie erfahren, von wem es war.«

»Hinterm Paket verstecken wir Hasi«, wisperte Puppi. »Ohne Flecken und mit neuem Ohr.«

Hasi nickte und strahlte.

Da hörten sie Judiths Schritte. Als sie ins Zimmer kam, saßen die Kuscheltiere brav auf dem Bett.

»Wo Hasi nur steckt?«, fragte Judith so für sich.

Teddy brummte sehr leise: »Der ist erst mal wieder unterm Bett. Aber das verraten wir nicht. Heute Abend wirst du staunen.«

Dazu kicherte die Kuschelbande ganz, ganz leise.

Seltsam, dachte Judith. Eben kam es mir vor, als hätte jemand gebrummt und gekichert. Aber im Zimmer war niemand außer Judith und ihren Kuscheltieren. Und die brummen und kichern nicht. Da war sich Judith ganz sicher.

Edith Schreiber-Wicke

Anton und der Weihnachtsmann

Anton suchte wieder einmal seine Fäustlinge. Die dunkelblauen. Er fand schließlich den linken und war zufrieden. Eine Hand konnte man immer in die Jackentasche stecken.
»Ich geh Weihnachten schaun«, verkündete er.
Seine Mutter nickte stumm. Sie musste bis zum nächsten Tag eine Arbeit fertig haben.
Auf der Straße lag grauer Schnee, der sich schmatzend an Antons Stiefeln festsaugte.
»Blöder Hammel«, sagte eine zornige Stimme. Es war ein Autofahrer, der die Scheibe heruntergekurbelt hatte und sich ganz offensichtlich über einen anderen Autofahrer ärgerte.
Der andere streckte den Kopf aus dem Seitenfenster.
»Frohe Weihnachten!«, antwortete er fröhlich und fuhr weiter.
Der erste starrte ihm nach. Dann klappte er langsam den Mund zu und machte ein sehr ratloses Gesicht.

Anton lachte leise in sich hinein und ging weiter.

Gmansch, gmansch. Anton patschte genussvoll mit den Stiefeln im Schneematsch.

Quer über die Straße waren Lichterketten gespannt. In den Auslagen standen Christbäume, Engel und Weihnachtsmänner.

»Wo gehst denn du hin?«, fragte jemand.

Es war Markus, der in der Schule drei Reihen hinter Anton saß.

»Weihnachten schaun«, sagte Anton, »und du?«

»Muss zur Post«, antwortete Markus, »für meine Mutter Geld aufgeben. Sie hat keine Zeit. Vor Weihnachten kann sie nie vom Geschäft weg.«

Er zog aus der Anoraktasche ein grünes Kuvert.

»Ist eine Menge Geld«, erklärte er wichtig.

»Wenn wir Geld haben, geben wir es nicht auf, sondern aus«, sagte Anton. Geld interessierte ihn nicht besonders.

Markus verstaute das grüne Kuvert wieder sorgsam.

»Ich geh ins Kaufhaus«, sagte Anton, »die haben dieses Jahr einen Weihnachtsmann.«

»Das sind doch nur verkleidete Leute, die vom Kaufhaus bezahlt werden«, meinte Markus geringschätzig.

»Woher weißt du denn das?«, fragte Anton.

»Von meinem Vater. Er sagt, die sind nur dazu da, damit die Leute mehr Geld ausgeben.«

»Ich geb nicht mehr Geld aus«, protestierte Anton, »ich hab gar keins.«

Im Kaufhaus verteilte der Weihnachtsmann gerade Süßigkeiten und kleine Päckchen. Er hatte einen angeklebten weißen Bart und einen langen roten Mantel an. Auf der Stirn standen ihm Schweißtropfen. Es war im Kaufhaus zu warm für einen langen Mantel. Ein paar kleine Kinder starrten ihn mit glänzenden Augen an.

»Mein Vater sagt, nur dumme Kinder glauben an den Weihnachtsmann.« Markus' Stimme klang verächtlich.

»Vielleicht haben's dumme Kinder lustiger«, meinte Anton nachdenklich.

»Gehen wir in den obersten Stock«, drängte Markus, »da gibt's Computerspiele.«

»Musst du nicht das Geld aufgeben?«, gab Anton zu bedenken.

»Das geht später auch noch«, sagte Markus und stand schon auf der Rolltreppe.

Im vierten Stock gab es viele Automaten. Es piepste, surrte und summte. Weiße Bälle sausten da auf dem Bildschirm herum, Hindernisse tauchten auf, Ziele verschwanden plötzlich. Überall musste man rechtzeitig Knöpfe drücken oder drehen. Weil bald Weihnachten war, durften die Kinder gratis spielen. Zwei prügelten sich um einen Platz. Ein erschöpfter Angestellter saß teilnahmslos zwischen den piepsenden Automaten und kreischenden Kindern. Markus fand einen Platz an einem Automaten und hatte vor Begeisterung ein ganz rotes Gesicht. Er spielte sehr gut. Anton versuchte es auch einmal. Aber er drückte immer zu spät oder zu früh auf die Knöpfe.

Anton ging ein Stück weiter in die Bücherabteilung und nahm ein dickes Buch in die Hand. »Das große Weihnachts-Vorlesebuch«, stand da. Anton blätterte. Dann stutzte er. »Anton und der Weihnachtsmann« hieß eine Geschichte in dem Buch. Anton begann zu lesen.

»Anton suchte wieder einmal seine Fäustlinge. Die dunkelblauen. Er fand schließlich den linken und war zufrieden. Eine Hand konnte man immer in die Jackentasche stecken …«

»Anton«, sagte eine angstvolle Stimme. Jemand zog ihn am Ärmel.

Anton hörte nicht auf zu lesen. »Ich bin da drin. Ich bin in einer Geschichte drin«, sagte er aufgeregt.

»Anton! Das Geld ist weg!« Anton drehte sich um. Neben ihm stand Markus. Sein Gesicht war nicht mehr rot wie vorhin beim Spielen, es war ganz weiß.

»Was sagst du?« Anton legte das Buch weg. »Schau noch einmal genau.«

Markus drehte alle Taschen seines Anoraks um. Nichts. Die Sommersprossen in seinem blassen Gesicht wurden immer deutlicher. Sie gingen zu den Automaten zurück und suchten den Boden ab. Nichts. Kein grünes Kuvert.

»Komm«, sagte Anton, »gehen wir irgendwohin, wo wir in Ruhe überlegen können.«

Hinter dem Kaufhaus war ein kleiner Park. Einige kahle Sträucher standen da. Ein paar Bänke. Ein Baum. Anton fror an der rechten Hand. Er steckte sie in die Jackentasche. Neben ihm klapperte Markus mit den Zähnen. Sie setzten sich auf eine Bank.

»Denk nach«, sagte Anton. »Hast du es irgendwann herausgenommen?«

Markus schüttelte den Kopf.

»Wie viel war es denn?«, fragte Anton.

Statt einer Antwort begann Markus zu weinen.

Jemand setzte sich neben sie auf die Bank. Dicke Stiefel, langer roter Mantel, weißer Bart. Ein Weihnachtsmann.

»Sind Sie der aus dem Kaufhaus?«, fragte Anton.

Der Weihnachtsmann lächelte und schüttelte den Kopf. Anton betrachtete ihn aufmerksam. Richtig. Haare und Bart wirkten bei diesem hier viel echter. Das Lächeln auch.

Markus schluchzte noch immer.

»Sein Geld ist weg«, erklärte Anton. »Er hätte es für seine Mutter zur Post bringen sollen.«

Der Weihnachtsmann nickte. Er holte aus seiner Manteltasche zwei kleine Päckchen. »Zum Trost«, sagte er.

Anton bekam eines der beiden Päckchen, obwohl er gar kein Geld verloren hatte.

»Frohe Weihnachten«, sagte der Weihnachtsmann und ging weiter.

»Mach doch auf!« Anton stupste Markus an, der trübsinnig auf die goldene Verpackung starrte.

»Alles Blödsinn«, murmelte Markus, aber er machte die Verpackung auf. Eine flache Schachtel war drin.

Und in der Schachtel ein grünes Kuvert. Markus starrte es ungläubig an, dann schaute er hinein und zählte das Geld.

»Stimmt genau«, sagte er und drehte sich nach dem Weihnachtsmann um. Aber der war nicht mehr zu sehen.

Anton hatte sein Päckchen auch aufgemacht. Es war ein dunkelblauer Fäustling drin. Ein rechter.

»Verstehst du das?«, fragte Markus.

Anton betrachtete den Fäustling genauer. Es war seiner. Er erkannte ihn an einer kleinen gestopften Stelle am Daumen.

»Vielleicht war es doch der Weihnachtsmann aus dem Kaufhaus«, überlegte Markus, »und er hat das Kuvert dort gefunden. Ich werd mich morgen bei ihm bedanken.«

Anton sagte nichts. Aber er war sicher, dass Markus diesen Weihnachtsmann nicht im Kaufhaus finden würde.

Bianka Minte-König

Nasenrot

Es war in dem Jahr, als es vor Weihnachten so bitterkalt war, dass die Enten im Teich einfroren und die Feuerwehr der Menschen sie retten musste. Die Feuerwehrleute kamen mit langen Leitern, legten sie auf das Eis und krabbelten zu den Enten. Sie brachen sie aus dem Eis und brachten sie an einen warmen Ort, wo das Eis taute und die Enten es warm und gemütlich hatten.
So war das in diesem Jahr, wo sogar die Spatzen nicht länger als ein Zwitschern lang auf den Dächern sitzen konnten, ohne an den Regenrinnen festzufrieren. Ein eisiger Wind stürmte durch die Straßen und wirbelte dicke Schneeflocken vor sich her. Menschen und Tiere taten gut daran, sich in ihre Häuser oder warmen Höhlen zurückzuziehen.
In dem Jahr also, wo bereits im Dezember tiefster Winter über das Land fiel und die Tage so dunkel waren wie die Abende, da saßen die Elfen im Zauberwald in ihrem unterirdischen Elfenschloss und bastelten Weihnachtsglöckchen. Glöckchen, mit denen die Kinder

zum geschmückten Weihnachtsbaum gerufen werden und deren süßes Klingen dann Häuser, Straßen und schließlich die Städte der Menschen erfüllt. Zwei Elfenkinder, Schneeweißchen und Rosenrot, hatten voller Eifer an ihren Glöckchen gearbeitet. Nun waren sie erschöpft und sehnten sich nach einer kleinen Pause und ein bisschen frischer Luft. Aber die Elfenmutter schüttelte den Kopf: »Der Wind ist scharf, der Schnee ist nass und die Luft ist viel zu kalt. Ihr dürft das Schloss nicht verlassen.«

Aber Rosenrot hörte nicht auf die Worte der Elfenmutter und steckte ihr vorwitziges Näschen aus der Schlosstür. Der eiskalte Nordwind blies der kleinen Elfe direkt ins Gesicht. Da zog sie sich schnell wieder zurück und schlug die Tür zu, um den bitteren Winter nicht hereinzulassen. Aber die kleine naseweise Elfe war nicht schnell genug gewesen. Die beißende Kälte hatte ihre kleine Nase bereits leuchtend rot gefärbt. Und als die anderen Elfenkinder das sahen, lachten sie Rosenrot aus und nannten sie nur noch *Nasenrot*.

Und als Nasenrot sich bei der Elfenmutter weinend beklagte, hatte die keinen Trost für sie, sondern sagte nur: »Wer nicht hören will, muss fühlen.«

Da mochte Nasenrot nicht mehr bei den Elfen leben. Sie schlich durch einen unterirdischen Gang zum Maulwurf und bat ihn um ein bisschen Pelz. Daraus

machte sie sich einen warmen Mantel und ging an die Oberfläche der Erde.

Doch auch die Menschen lachten über ihre rote Nase und riefen sie neckend *Nasenrot*.

Ach, hätte ich nur auf die Mutter gehört, dachte die kleine Elfe und brach in bittere Tränen aus. Aber weil es so kalt war, froren ihre Tränen zu wunderschönen weißen Perlen. Die sammelte Nasenrot ein und steckte sie in die Tasche ihres Maulwurfspelzes.

Viele Tage irrte die kleine Elfe in den Menschenstädten umher. Die Kälte jedoch hielt an, ihre Nase blieb rot und die vielen Tränen füllten ihre Taschen mit Perlen.

Zu gerne wäre sie in das Elfenschloss zurückgekehrt, aber sie schämte sich immer noch wegen ihrer roten Nase und weil sie nicht auf die Elfenmutter gehört hatte.

So brach der Heilige Abend an. Die Kirchenglocken läuteten und die Menschen gingen durch das Schneegestöber in die Kirchen, um die Ankunft des Christkindes zu feiern. Die Luft war von Glockenklängen erfüllt und Nasenrot meinte auch schon die ersten Weihnachtsglocken aus der Elfenwerkstatt zu hören. Und weil sie so einsam und allein war, mischte sie sich unter die Menschenkinder, die in die Kirche gingen. Voller Staunen sah die kleine Elfe die Krippe mit dem Jesuskind, mit Maria und Josef und den Heiligen Drei Königen aus dem Morgenland, die dem Christuskind Geschenke brachten.

Die Menschen sangen Lieder und zündeten sich an der großen Kerze am Altar ihre kleinen Kerzen an, um das Licht der Weihnacht in ihre Häuser zu tragen und damit die Kerzen am Weihnachtsbaum anzuzünden.

Da es aber so furchtbar stürmte, wurden die meisten Kerzen auf dem Weg zu den Häusern ausgeblasen und die Menschenkinder waren ganz traurig, weil ihre

Weihnachtsbäume nicht wie sonst im Lichterglanz strahlen konnten.
Selbst der Pfarrer war ratlos.
Da taten die Menschen der kleinen Elfe leid. Sie trat mit ihrem roten Näschen zur Krippe, griff in die Taschen ihres Maulwurfspelzes und legte die Tränenperlen zu den Geschenken, welche die Heiligen Drei Könige dem Christkind gebracht hatten.
Dabei hatte Nasenrot nur einen einzigen Gedanken: »Liebes Christkind«, seufzte sie, »lass den Sturm aufhören, damit die Menschenkinder das Licht der Weihnacht aus der Kirche zu ihren Weihnachtsbäumen bringen können. Bitte, lass ihre Kerzen nicht mehr ausgehen.«
Da war es plötzlich, als sei das ganze Kirchenschiff vom Geläute der Elfenglöckchen erfüllt und das große Kirchentor ging auf und alle Kinder stürmten herein, um ihre Kerzen noch einmal anzuzünden. Und als Nasenrot vor die Kirche trat, da hatte der Sturm sich gelegt und es hatte aufgehört zu schneien. Die Kinder hielten ihre Hände schützend vor die Kerzenflammen und brachten sie nun sicher zu ihren Weihnachtsbäumen.
Nasenrot ging durch die Straßen und sah durch die Fenster den Lichterglanz, hörte den Klang der Weihnachtslieder und Flötenspiel und Kinderlachen.

Doch bei aller Freude um sie her fühlte die kleine Elfe sich ausgeschlossen. Zu den Elfen aber traute sie sich nicht zurück, weil sie immer noch fürchtete wegen ihrer roten Nase verspottet zu werden.

Plötzlich erblickte Nasenrot in einem erleuchteten Schaufenster einen Spiegel. Und aus diesem Spiegel sah sie ein feines weißes Elfengesicht aus einer dicken schwarzen Kapuze aus Maulwurfspelz an. Und das Wunderbare war, dass es ihr eigenes Gesicht war, und die Nase in diesem Gesicht war nicht mehr leuchtend rot, sondern von porzellanzartem Elfenweiß.

Da lief die kleine Elfe, so schnell sie konnte, zurück zum Elfenschloss, um mit allen Elfen dort Weihnachten zu feiern. Die Elfenmutter nahm ihr Elfenkind glücklich in die Arme. »Dass du ja nie wieder wegläufst«, sagte sie. »Wir haben uns alle große Sorgen gemacht. Wir haben dich doch lieb, egal ob deine Nase rot oder weiß oder bunt geringelt ist!«

Da lachte die kleine Elfe glücklich. Aber als die Kristallglocken läuteten und auch die Elfen zum Weihnachtsbaum riefen, da dachte die kleine Elfe dankbar an das Christkind in der Krippe und war doch froh, dass es mit seinem Wunder aus Nasenrot wieder die Elfe Rosenrot gemacht hatte.

Hans Christian Andersen
Der Tannenbaum

Draußen im Walde stand das niedlichste Tannenbäumchen; es hatte einen guten Platz, die Sonne konnte es bescheinen, Luft war überall genug vorhanden und ringsherum wuchsen viele große Kameraden, Tannen und Föhren. Aber das Tannenbäumchen hatte es mit dem Großwerden sehr eilig; es dachte weder an die warme Sonne noch an die frische Luft, es kümmerte sich nicht um die Bauernkinder, die plaudernd vorbeigingen, wenn sie im Walde waren, um Erdbeeren oder Himbeeren zu sammeln. Oft kamen sie mit einem ganzen Topf voll Beeren vorbei oder sie hatten Erdbeeren auf einen Strohhalm gezogen; dann setzten sie sich zuweilen neben dem Tannenbäumchen nieder und sagten: »Nein, was das für ein niedliches Bäumchen ist!« Aber das konnte das Tannenbäumchen nicht ausstehen.

Im nächsten Jahre war das Bäumchen schon ein gehöriges Stück größer geworden und im darauffolgenden ein noch größeres Stück. Einem Tannenbaum kann man immer an den Gliedern, die er hat, nachzählen, wie viele Jahre er gewachsen ist.

»Wenn ich doch schon ein so großer Baum wäre wie die andern!«, seufzte das Bäumchen. »Dann könnte ich meine Zweige weit um mich her ausbreiten und könnte mit meinem Wipfel in die weite Welt hinausschauen. Die Vögel würden ihr Nest in meine Zweige bauen, und wenn der Wind weht, könnte ich ebenso vornehm nicken wie die andern.«

Dem Bäumchen machte der warme Sonnenschein nicht das mindeste Vergnügen und auch die Vögel nicht und nicht die roten Wölkchen, die des Morgens und des Abends über ihm hinsegelten.

Wenn es Winter wurde und der weiße knisternde Schnee rund umher auf der Erde lag, kam zuweilen ein Hase gesprungen und machte einen Satz über das Bäumchen weg. Oh, was es dann ärgerlich wurde! – Aber zwei Winter gingen vorbei und im dritten war das Bäumchen schon so groß, dass der Hase um es herumlaufen musste.

Wachsen, wachsen, groß und alt werden, das ist doch das einzig Schöne auf der Welt!, dachte das Bäumchen.

Im Spätjahr kamen immer Holzhauer und fällten einige der größten Bäume; das geschah in jedem Jahr und der junge Tannenbaum, der nun ganz hübsch herange-

wachsen war, zitterte und bebte dabei, denn die großen, prächtigen Bäume stürzten mit Poltern und Krachen zur Erde. Die Äste wurden ihnen abgehauen und sie sahen ganz nackt, lang und dünn aus; sie waren kaum mehr zu erkennen. Aber dann wurden sie auf Wagen geladen und von Pferden zum Walde hinausgezogen. Wo kamen sie hin? Was stand ihnen bevor?
Im Frühling, als die Schwalbe und der Storch zurückkamen, fragte die Tanne sie: »Wisst ihr nicht, wohin

sie geführt worden sind? Habt ihr sie nirgends gesehen?«

Die Schwalben wussten nichts von ihnen zu erzählen, aber der Storch sah nachdenklich drein, nickte mit dem Kopfe und sagte: »Doch, ich glaube, ich habe sie gesehen. Viele neue Schiffe sind mir begegnet, als ich von Ägypten zurückkehrte, und auf den Schiffen waren prächtige Mastbäume. Das werden sie gewesen sein, denn sie rochen deutlich nach Tannen. Ich soll vielmals grüßen. Jawohl, sie tragen den Kopf sehr hoch.«

»Ach, wenn ich doch groß genug wäre, um auch übers Meer schwimmen zu können!«, sagte die Tanne. »Was ist eigentlich dieses Meer und wie sieht es aus?«

»Das ist etwas weitläufig zu erklären«, sagte der Storch und flog davon.

»Freu dich deiner Jugend!«, sagten die Sonnenstrahlen. »Freu dich deines frischen Wachstums, deines jungen Lebens!«

Und der Wind küsste den Baum und der Tau vergoss Tränen über ihn, aber das verstand der Tannenbaum nicht.

Wenn die Weihnachtszeit herbeikam, wurden auch ganz junge Bäume gefällt, Bäume, die noch nicht einmal so groß oder so alt waren wie dieser Tannenbaum, der weder Rast noch Ruhe hatte, sondern immer gerne in die Welt hinausgekommen wäre. Diese jungen Bäume – es waren immer die schönsten – behielten stets ihre Äste. Aber sie wurden auch auf Wagen geladen und von Pferden zum Walde hinausgezogen.

»Wo kommen die hin?«, fragte der Tannenbaum. »Sie sind nicht größer als ich, ja einer darunter war sogar viel kleiner. Warum haben sie alle ihre Äste behalten? Wo werden sie hingefahren?«

»Das wissen wir, das wissen wir!«, zwitscherten die Sperlinge. »Wir haben drinnen in der Stadt zu den Fenstern hineingesehen. Wir wissen, wo sie hinkommen. Oh, sie kommen zu Glanz und Herrlichkeit! Wir haben durch die Fenster geblickt und gesehen, dass sie in der warmen Stube aufgestellt und mit den schönsten Dingen, mit vergoldeten Nüssen, Äpfeln, Lebkuchen, Spielzeug und vielen Hundert Lichtern geschmückt werden.«

»Und dann?«, fragte der Tannenbaum und alle seine Äste bebten. »Und was geschieht dann?«

»Mehr haben wir nicht gesehen. Aber was wir gesehen haben, war unvergleichlich schön.«

Ob ich wohl auserwählt bin diesen strahlenden Weg zu gehen?, dachte der Baum. Das ist noch besser als übers Meer zu fahren. Was ich für Sehnsucht leide! Wenn es doch Weihnachten wäre! Jetzt bin ich groß genug und strecke auch meine Äste aus wie die andern, die letztes Jahr davongeführt worden sind. Ach, wenn ich doch schon auf dem Wagen läge! Wäre ich doch schon in der warmen Stube und mit all der Pracht und Herrlichkeit geschmückt! Und dann? Ja, dann muss immer noch etwas Besseres und Schöneres kommen. Warum würde ich denn sonst so geschmückt werden? Es muss noch etwas viel Größeres, viel Herrlicheres kommen, aber was? Oh, ich leide, ich sehne mich! Ich weiß selbst nicht mehr, wie es mir zu Mute ist.

»Freue dich meiner!«, sagte die Luft und sagte das Sonnenlicht. »Freu dich deiner frischen Jugend hier im freien Walde!«

Aber der Tannenbaum freute sich an dem allem nicht; er wuchs und wuchs und stand im Winter wie im Sommer im grünen Kleide da; wunderschön dunkelgrün war er und die Leute, die ihn sahen, bewunderten ihn und sagten: »Das ist ein schöner Baum!« Und als die Weihnachtszeit nahte, wurde er zuallererst gefällt. Die Axt drang ihm bis ins Mark, mit einem Seufzer fiel er auf die Erde, er fühlte einen Schmerz, eine Ohnmacht, er konnte sich kein Glück mehr vorstellen, sondern war nur betrübt darüber, die Heimat verlassen zu müssen, den Platz, auf dem er aufgewachsen war. Er wusste ja, er würde die lieben Kameraden, die Büsche und Blumen ringsumher, ja vielleicht sogar die Vögel nie mehr sehen. Die Abreise war durchaus nichts Angenehmes.

Der Baum kam erst wieder zu sich selbst, als er mit den

andern Bäumen in einem Hofe abgepackt wurde und einen Mann sagen hörte: »Dieser ist schön, den nehmen wir und keinen andern.«

Nun kamen zwei Diener in Livree und trugen den Tannenbaum in einen großen, schönen Saal. An allen Wänden hingen Bilder und neben dem großen Kachelofen standen chinesische Vasen mit Löwen auf den Deckeln. Schaukelstühle waren vorhanden, Sofas mit seidenen Bezügen, große Tische, die mit Bilderbüchern und Spielzeug bedeckt waren, für hundertmal hundert Taler – wenigstens behaupteten das die Kinder. Und der Tannenbaum wurde in ein großes mit Sand gefülltes Fass gesteckt; aber niemand konnte sehen, dass es ein Fass war, denn es wurde ringsumher mit grünen Zweigen behängt und stand auf einem großen bunten Teppich. Oh, wie der Tannenbaum zitterte und bebte! Was würde alles noch geschehen! Diener und Fräulein gingen hin und her und schmückten ihn. An die Zweige hängten sie kleine, aus buntem Papier ausgeschnittene Netze und jedes Netz wurde mit Zuckerwerk gefüllt. Vergoldete Nüsse und Äpfel hingen an den Zweigen, als ob sie daran gewachsen wären, und über hundert rote, blaue und weiße Lichtchen wurden aufgesteckt. Puppen, die wie richtige Menschen aussahen – der Baum hatte noch nie dergleichen gesehen –, schwebten im Grünen und ganz oben auf die Spitze wurde ein Stern aus Flittergold gesteckt. Wie war das alles unvergleichlich prächtig!

»Heute Abend!«, sagten alle. »Heute Abend wird er strahlen!«

Oh, wenn es doch schon Abend wäre!, dachte der Baum. Wenn doch die Lichter bald angesteckt würden! Und was dann wohl geschieht? Ob wohl andere Bäume aus dem Wald kommen und mich sehen? Ob die Sperlinge an die Fenster fliegen? Ob ich hier am Ende festwachse und Winter und Sommer schön geschmückt dastehen werde?

Ja, was konnte der Tannenbaum wissen! Er bekam vor lauter Sehnsucht Rindenweh und Rindenweh ist für einen Baum so schlimm wie für uns Menschen Kopfweh.

Endlich wurden die Lichter angesteckt. Welch ein Glanz, welch eine Pracht! Der Baum zitterte vor Freude in allen Zweigen, so dass von einem der Lichter ein Zweiglein in Brand gesteckt wurde. Es qualmte gehörig.

»Ach du lieber Gott!«, schrien die Fräulein auf und eilten herbei, um zu löschen.

Nun durfte der Baum also nicht einmal mehr vor Freude zittern. Oh, war das ein Graus! Er war so bange, er könnte irgendetwas von seinem Schmuck verlieren, und wurde ganz wirr von all dem Glanz und der Pracht. – Nun gingen beide Flügeltüren auf und viele

Kinder stürzten herein und auf den Baum los, als ob sie ihn umwerfen wollten. Die Erwachsenen kamen bedächtig hinterher und die Kinder standen einen Augenblick stumm da; dann aber jubelten sie auf, dass es laut schallte, und tanzten um den Baum herum und ein Geschenk nach dem andern wurde von den Zweigen gepflückt.

Was tun sie?, fragte sich der Baum. Was wird jetzt weiter geschehen?

Die Lichter brannten bis auf die Zweige herunter, und wenn sie so weit herabgebrannt waren, wurden sie ausgeblasen und dann erhielten die Kinder die Erlaubnis, den Baum zu plündern. Oh, wie sie sich auf ihn stürzten, dass alle seine Zweige knackten! Wäre er nicht unter dem goldenen Stern mit der Spitze an der Decke befestigt gewesen, so hätten sie ihn sicherlich umgeworfen.

Die Kinder tanzten mit ihren schönen Spielsachen um den Baum herum, aber niemand kümmerte sich mehr um ihn als die alte Kinderfrau, die aufmerksam zwischen die Zweige hineinschaute; aber das geschah nur, um nachzusehen, ob nicht eine Feige oder ein Apfel vergessen worden sei.

»Eine Geschichte, erzähl uns eine Geschichte!«, riefen die Kinder und zogen einen kleinen dicken Mann zum Tannenbaum hin.

Er setzte sich direkt unter den Baum. »Damit wir im Grünen sind«, sagte er, »und dann kann der Baum auch gleich zuhören. Aber ich erzähle nur eine einzige Geschichte. Wollt ihr lieber die von Ivede-Avede hören oder die von Klumpe-Dumpe, der die Treppe hinunterfiel und dennoch auf den Thron kam und die Prinzessin heiratete?«

»Ivede-Avede!«, schrien einige und »Klumpe-Dumpe!« die andern. Es war ein lautes Rufen und Schreien.

Nur der Tannenbaum schwieg still und dachte: Sollte ich gar nicht mit dazugehören, nichts dabei zu tun haben?

Aber er hatte ja seine Rolle ausgespielt, er hatte getan, was er konnte.

Und der Mann erzählte von Klumpe-Dumpe, der die Treppe hinunterfiel und dennoch auf den Thron kam und die Prinzessin heiratete. Die Kinder klatschten in die Hände und riefen: »Erzähle! Erzähle!«, und wollten jetzt auch noch die Geschichte von Ivede-Avede hören, aber der Mann erzählte nur die von Klumpe-Dumpe.

Der Tannenbaum stand ganz still und nachdenklich da, solche Geschichten hatten die Vögel im Walde niemals erzählt.

Klumpe-Dumpe ist die Treppe hinuntergefallen und hat doch die Prinzessin bekommen; ja, so geht es in der

Welt, dachte der Tannenbaum und glaubte, dass sich das wirklich so zugetragen habe, denn es war solch ein netter Mann, der die Geschichte erzählt hatte. Ja, wer weiß? Vielleicht falle ich auch die Treppe hinunter und bekomme eine Prinzessin zur Frau.

Und er freute sich schon darauf, dass er am nächsten Tage wieder mit Lichtern und Spielzeug, vergoldeten Nüssen und Äpfeln geschmückt würde.

Morgen will ich nicht mehr zittern, nahm er sich vor. Morgen will ich meine Herrlichkeit recht genießen. Morgen höre ich die Geschichte von Klumpe-Dumpe wieder und vielleicht auch noch die von Ivede-Avede dazu. Stumm und gedankenvoll stand der Baum die ganze Nacht hindurch da.

Am nächsten Morgen kamen ein Knecht und eine Magd in den Saal herein.

Jetzt werde ich wieder geschmückt, dachte der Baum. Aber er wurde aus dem Saal geschleppt, die Treppe hinauf auf den Boden, und dort in eine finstere Ecke gestellt. Was hat das zu bedeuten?, dachte der Baum. Was ich hier wohl soll? Was werde ich hier zu hören bekommen? Und er lehnte sich an die Wand und dachte und dachte. – Und gute Zeit hatte er zum Nachdenken, denn es verging ein Tag um den andern und eine Nacht um die andere. Kein Mensch kam hier herauf, und als endlich doch jemand kam, geschah es nur, um einige große Kisten in die Ecke zu stellen. Der Baum stand ganz verborgen, man hätte meinen können, er sei vollständig vergessen.

Draußen ist ja jetzt Winter, dachte der Baum. Die Erde ist hart gefroren und mit Schnee bedeckt, die Menschen können mich nicht einpflanzen, deshalb soll ich wohl hier geschützt stehen bis zum Frühjahr. Das ist sehr weise bedacht. Was die Menschen gut sind! – Wenn es hier nur nicht so finster und so schrecklich einsam wäre! Nicht einmal ein kleines Häschen läuft vorbei. Es war doch recht unterhaltend im Walde draußen, wenn Schnee lag und der Hase vorbeilief. Ja, selbst das war nett, als er noch über mich wegsprang, aber damals konnte ich das nicht leiden. Hier oben ist es doch entsetzlich einsam.

»Pi, pi!«, sagte in diesem Augenblick ein Mäuschen und huschte aus seinem Loch hervor. Und dann kam noch eines. Sie beschnupperten erst den Tannenbaum und huschten dann in seine Zweige hinein.

»Es ist entsetzlich kalt«, sagte das Mäuschen. »Sonst wäre es hier recht hübsch, nicht wahr, du alter Tannenbaum?«

»Ich bin noch nicht alt«, erwiderte der Tannenbaum. »Es gibt viel ältere, als ich bin.«

»Wo kommst du her und was weißt du zu berichten?«, fragten die Mäuse, denn sie waren schrecklich neugie-

rig. »Erzähle uns vom schönsten Ort auf der Welt. Bist du dort gewesen? Bist du in der Speisekammer gewesen, wo die Käselaibe auf den Brettern liegen und die Schinken von der Decke hängen, wo man auf Talglichtern tanzt, mager hineingeht und fett wieder herauskommt?«

»Den Ort kenne ich nicht«, erwiderte der Baum. »Aber den Wald kenne ich, wo die Sonne scheint und die Vögel singen.« Und dann erzählte er von seiner Jugendzeit. Die Mäuse hatten so etwas noch nie gehört; sie lauschten aufmerksam und sagten: »Was du alles gesehen und erlebt hast! Was bist du glücklich gewesen!«

»Ich?«, sagte der Tannenbaum und dachte über das nach, was er selbst erzählt hatte. »Ja, das waren eigentlich recht fröhliche Zeiten.« Und dann erzählte er von dem Weihnachtsabend, wo er mit Kuchen und Lichtern geschmückt worden war.

»Was bist du glücklich gewesen, alter Tannenbaum«, sagte das Mäuschen.

»Ich bin noch gar nicht alt!«, wiederholte der Tannenbaum. »Es war erst in diesem Winter, dass ich aus dem Walde geholt wurde. Ich bin erst in diesem Winter aus dem Walde gekommen. Ich stehe im besten Alter, ich bin nur rasch gewachsen.«

»Was du hübsch erzählen kannst!«, sagte das Mäuschen

und kam in der nächsten Nacht mit noch vier andern Mäusen, die alle auch den Tannenbaum erzählen hören wollten, und je mehr er erzählte, desto deutlicher erinnerte er sich selbst an alles und meinte: »Ja, das waren glückliche Zeiten! Aber sie können wiederkommen, sie können wiederkommen! Klumpe-Dumpe ist die Treppe hinuntergefallen und hat doch die Prinzessin bekommen, vielleicht bekomme ich auch noch eine Prinzessin.«

Dabei dachte der Tannenbaum an ein reizendes Birkchen, das draußen im Walde wuchs, denn das war für ihn eine richtige schöne Prinzessin.

»Wer war denn der Klumpe-Dumpe?«, fragte das Mäuschen und der Tannenbaum erzählte die ganze Geschichte, von der er jedes Wort behalten hatte. Die Mäuse hörten aufmerksam zu, denn sie hatten es satt, nur zum Vergnügen in den Zweigen herumzuspringen. In der nächsten Nacht kamen noch mehr Mäuse und am Sonntag sogar zwei Ratten; die sagten aber, die Geschichte sei langweilig, und darüber wurden die Mäuschen betrübt, denn nun gefiel sie ihnen auch nicht mehr so gut.

»Wissen Sie nur diese eine Geschichte?«, fragten die Ratten.

»Nur die eine«, erwiderte der Baum. »Die habe ich am glücklichsten Abend meines Lebens erzählen hören, aber damals wusste ich selbst nicht, wie glücklich ich war.«

»Das ist eine grässlich langweilige Geschichte! Wissen Sie keine von Speck und Talglichtern? Können Sie uns keine Speisekammergeschichte erzählen?«

»Nein«, sagte der Baum.

»Dann bedanken wir uns«, erklärten die Ratten und gingen nach Hause.

Zuletzt blieben auch die Mäuschen weg und der Baum seufzte: »Es war doch ganz hübsch, als die kleinen lebhaften Tierchen um mich her saßen und mir zuhörten. Jetzt ist auch das vorbei. Wie ich mich meines Lebens freuen will, wenn ich wieder hervorgeholt werde!«

Aber wurde er auch wieder hervorgeholt? Jawohl, eines Morgens kamen Leute und räumten den Boden auf. Die Kisten wurden von der Stelle gerückt und der Baum aus der Ecke gezogen. Er wurde etwas hart auf den Boden geworfen, aber gleich darauf nahm ihn ein Knecht und schleppte ihn an die Treppe, wo das Tageslicht hereinkam.

Jetzt fängt das Leben von neuem an, dachte der Baum; er fühlte die frische Luft, den warmen Sonnenschein – und nun war er drunten auf dem Hof. Das ging so geschwind, dass der Baum vergaß einen Blick auf sich selbst zu werfen, denn rundum war gar so viel zu betrachten. Der Hof stieß an einen Garten, der in voller

Blüte stand; duftende Rosen hingen über den Zaun, die Linden blühten, die Schwalben flogen hoch in der Luft und zwitscherten: »Quirre-wirre-witt, mein Mann ist da!«, aber es war nicht der Tannenbaum, den sie damit meinten.

»Jetzt beginnt das Leben wieder!«, jubelte der Tannenbaum und breitete seine Äste weit aus; ach, sie waren gelb und vertrocknet und er lag in der Ecke zwischen Nesseln und Unkraut. Der Stern aus Goldpapier saß aber noch immer auf seiner Spitze und glänzte im Sonnenschein.

Im Hofe spielten einige von den fröhlichen Kindern, die an Weihnachten um den Baum getanzt und sich an ihm gefreut hatten. Eines der kleinsten lief hin und riss den goldenen Stern ab.

»Seht einmal, was da noch auf dem hässlichen alten Weihnachtsbaum sitzt!«, rief der kleine Junge und trat auf die Zweige, dass sie unter seinen Stiefeln krachten.

Der Tannenbaum besah sich die frische Blumenpracht im Garten und er besah sich selbst und wünschte, er wäre in seiner finstern Ecke auf dem Boden geblieben. Er dachte an seine frische Jugendzeit im Walde, an den fröhlichen Weihnachtsabend und an die Mäuschen, die ihn so gerne die Geschichte von Klumpe-Dumpe hatten erzählen hören.

»Vorüber, vorüber«, sagte der arme Baum. »Hätte ich doch mein Leben genossen, als es noch Zeit war. Vorbei, vorbei!«

Und der Knecht kam und hackte den Baum in kleine Stücke; es gab ein ganzes Bündel, das unter dem großen Braukessel hell aufflackerte. Der Baum seufzte im Brennen tief auf und jeder Seufzer klang wie ein kleiner Schuss. Als sie das hörten, liefen die Kinder, die wieder zu spielen angefangen hatten, hinein und setzten sich ums Feuer, sahen in die Flammen und riefen: »Piff,

paff!« Bei jedem Knall, der eigentlich ein tiefer Seufzer war, dachte der Baum an einen schönen Sommertag im Walde oder an eine Winternacht dort draußen unter dem funkelnden Sternenhimmel; er dachte an den Weihnachtsabend und an Klumpe-Dumpe, an das einzige Märchen, das er je gehört hatte und das er wiedererzählen konnte – und dann war der Baum verbrannt.

Auf dem Hofe spielten die Kinder und der kleinste Junge hatte sich den goldenen Stern, den der Baum am glücklichsten Abend seines Lebens getragen hatte, an die Brust geheftet. Jetzt war der Abend längst vorbei und auch mit dem Baum war es vorbei, und die Geschichte ist auch aus und vorbei! So geht es mit allen Geschichten.

Wenn dir dieses Buch gefallen hat, kannst du es unter www.carlsen.de weiterempfehlen und einen Preis gewinnen!

Quellenverzeichnis

Sofern nicht anders vermerkt, liegen die Rechte der in diesem Band abgedruckten Geschichten bei K. Thienemanns Verlag, Stuttgart – Wien.

Andersen, Hans Christian: »Der Tannenbaum«.
Aus: *Märchen*. 1991. S. 13–23.

Bröger, Achim: »Heute Abend wirst du staunen«.
© by Achim Bröger.

Ders.: »Lauter Wünsche an den Weihnachtsmann«.
Aus: *Zwei Raben mit Rucksack und viele andere Geschichten zum Lesen und Vorlesen*. 1990. S. 111–114.

Callewaert, Heidi: »Pollekes größter Wunsch«. 2000.

»Es begab sich aber zu der Zeit«. Das Weihnachtsevangelium nach Lukas 2, 1–21.

Fiedler, Christamaria: »Eddi, der Weihnachtswacholder«.
© by Christamaria Fiedler.

Heuck, Sigrid: »Ein Weihnachtsbrief«. © by Sigrid Heuck.
Dies.: »Kleiner Engel auf Reisen«. © by Sigrid Heuck.

Jansen, Hanna: »Ein ganzes Jahr Weihnachten«.
© by Hanna Jansen.

Kirchberg, Ursula: »Die Heiligen Drei Könige auf ihrem Weg nach Bethlehem«. 2000.

Kruse, Max: »Das Urmel erfährt, was die Hauptsache von Weihnachten ist«. Aus: *Urmels Lichterbaum im Eismeer.* 1999. S. 22–36.

Ders.: »Eine Christnacht in München«. © by Max Kruse.

Ders.: »Weihnachtsmusik«. © by Max Kruse.

Kuckero, Ulrike: »Das Wunderknäuel«. © by Ulrike Kuckero.

Dies.: »Weihnachten im Hühnerstall«. © by Ulrike Kuckero.

Minte-König, Bianka: »Komm mit, es weihnachtet sehr«. 1999.

Dies.: »Nasenrot«. © by Bianka Minte-König.

Pawel, Henning: »Heiligabend im Himmel«. 1998.

Pestum, Jo: »Der Ritt ins Morgenland«. © by Jo Pestum.

Schreiber-Wicke, Edith: »Anton und der Weihnachtsmann«. © by Edith Schreiber-Wicke.

Dies.: »Aurelius«. © by Edith Schreiber-Wicke.

Dies.: »Erkannt«. Aus: *Engel schnurren.* 1996. S. 16/17.

Dies.: »Die Lebkuchenkatze«. Ebd. S. 42–44.

Dies.: »Besuch am Heiligen Abend«. Ebd. S. 74–77.

Dies.: »Weihnachtspost«. © by Edith Schreiber-Wicke.

Uebe, Ingrid: »Warten aufs Christkind«. 1998.

Ullrich, Hortense: »Der Glückskeks«. © by Hortense Ullrich.

Winkler, Dieter: »Der Weihnachtsstern«.
© by Dieter Winkler.

Wölfel, Ursula: »Die Geschichte von den Weihnachtsgeschenken«. Aus: *Das Lachkind und 99 andere ausgewählte Geschichten*. 1993. S. 186–188.

Dies.: »Wie alle Jahre«. © by Ursula Wölfel.

Zöller, Elisabeth: »Teddy und die goldenen Kerzen«.
Aus: *Die Chaosfamilie weihnachtet*. 2001. S. 15–21.

Dies.: »Der Innen-drin-Wunsch«. Ebd. S. 42–48.

Vorlesen macht Spaß!

Michael Ende · Cornelia Funke · Otfried Preußler u.v.a.
Das Vorlesebuch von kleinen starken Tieren
192 Seiten · mit farbigen Illustrationen
ISBN 978-3-522-18374-1

Starke Geschichten von kleinen Tieren, die plötzlich ganz groß sind, Geschichten von Kindern, die durch einen tierischen Freund lernen, stark zu sein, Geschichten, die tierisch unterhaltsam sind und zum Träumen und Mitfühlen anregen.

Die 25 liebevollen Vorlesegeschichten stammen von bekannten Autorinnen und Autoren wie zum Beispiel Michael Ende, Otfried Preußler, Cornelia Funke, Kirsten Boie und vielen anderen.

www.thienemann.de

Alle reden vom Wetter – auch Familie Klawitter

Julia Boehme
Conni und der große Schnee
96 Seiten
Sonderausgabe (TB)
ISBN 978-3-551-31363-8

Conni und ihre Familie machen Winterurlaub in einer einsamen Berghütte. Aber irgendwie scheint es in diesem Jahr gar keinen richtigen Winter zu geben – keine einzige Schneeflocke weit und breit! Der Wetterumschwung kommt überraschend: Über Nacht sinken die Temperaturen. Es schneit und schneit und hört gar nicht mehr auf. Genauso hat Conni es sich gewünscht. Doch der Weg zum Dorf ist nicht passierbar. Und die Heizung fällt aus. Sie sind eingeschneit! Was jetzt?

www.carlsen.de

Weihnachten in Gefahr!

Robert Brack
Kai und die Weihnachts-diebe
192 Seiten
Sonderausgabe (TB)
ISBN 978-3-551-31364-5

Überall in der Stadt verschwinden Weihnachtsbäume, Plätzchen, Lichtergirlanden ... Und ein waschechter Engel bittet Kai um Hilfe! Was ist da los? Wer hat ein Interesse daran, Weihnachten ausfallen zu lassen? Bei den Recherchen wird Kai von seiner Freundin Anastasia und einem riesigen Bernhardiner unterstützt. Wird es ihnen gelingen, die Weihnachtsdiebe zu fangen?

www.carlsen.de

Chaotische Weihnachten

Elizabeth Zöller
Die Chaosfamilie weihnachtet
128 Seiten
Sonderausgabe (TB)
ISBN 978-3-551-31366-9

An Weihnachten geht's bei der Chaosfamilie noch turbulenter zu als sonst. Es muss nämlich ein Adventsbasar organisiert werden. Und für Opa Brömmelkamp gibt es dieses Jahr ein ganz besonderes Geschenk: einen Hund. Auch Teddys größter Weihnachtswunsch „ganz tief innen drin" ist ein kleiner Hund – aber zwei Hunde, das geht nun wirklich nicht. Teddy hat eine tolle Idee: Der Hund von Opa Brömmelkamp wird ein Doppelhund, Teddys Leihhund und Urlaubshund sozusagen. So werden alle Wünsche erfüllt – doch das Chaos ist noch lange nicht vorbei...

www.carlsen.de

CARLSEN